なぜヒトは学ぶのか
教育を生物学的に考える

安藤寿康

講談社現代新書
2492

はじめに

この本は教育とは何か、学ぶとはどういうことかについて、これまでとは異なる生物学的な視点から描こうとするものです。そしてそれを、いまの日本の高校生と大学生、つまりいわゆる「青年期」に学校で教育を受けている人たちに向けてお話しするつもりで書きます。

高校生と大学生を同じように読み手として考えるのは、どちらも本来ならば一人前の大人として社会の中で自分の居場所や生き方を曲がりなりにも定め、自分自身の人生を歩み始めているはずの生物学的年齢に達しながら、いまだそれを行っていないという点で共通するからです。そのかわり、学校というところに留まって、みんなと一緒に抽象的な知識を学習することを社会から求められる立場を選んでいます。

戦後に制定されたいまの学制では、義務教育は中学校までで、高校や大学を選ぶか選ばないかは原則として自由です。今日、高校に進学するのがあたりまえになってしまい、高校を義務化しようという動きすらあります。また大学進学率も50％を越し、お金があって行く学校を選びさえしなければ、希望すれば誰でも大学に入れるような時代になりました。

しかしそれが、もともとの姿ではありませんでした。むしろ高校生も大学生も、義務ではないのに学校に通っている点に注目すべきなのです。

なぜ中学までは義務教育と定められているのでしょう。そしてなぜあんなにたくさんの科目を学ばなければならないのでしょう。しかも好きな科目や得意な科目ならまだしも、嫌いな科目、学んでもさっぱりわかるようにならない科目まで、劣等感や無力感を抱かされながら、いったいなぜ学ばなければならないのでしょう。そんな疑問が頭をよぎった人は少なくないと思います。

でも日本中の誰もがあたりまえのように学校に通う世の中では、そんなことを考えるのはただの迷いや逃げにすぎないと思われたり、これまでの歴史といまの社会がそうさせているという答えにならない答えに納得するしかなかったのではないでしょうか。

しかしそこには単に歴史的な成り行きで作られた制度と社会的な変化がそうさせているという理由以上に、**ヒトという動物の持つ進化的で生物学的な理由**があることをお話しします。


私が高校生だったとき、このようなことについて、漠然とした疑問を抱きつつも、それを考える手掛かりがなく、目先のテストや受験で高得点を取ることにあくせくしていました。なかなか伸びない学力に、能力はどのように獲得されるんだろうという疑問を抱き、大学では教育学と教育心理学を研究するようになりました。そこで出会ったのが行動遺伝学でした。それは能力の個人差に遺伝要因が大きく関わっていることを科学的に示していました。誰もが教育によって学ばねばならないこと、その結果身についた能力に差があること、その両方に進化と遺伝という生物学的根拠があるのです。しかもその基盤には学習の臓器である脳の活動が関わっていることも明らかになってきています。

教育と学習について、このように生物学的な視点から考えてゆくと、私たちが学校や学校以外のさまざまな機会を通じて学習しなければならないのは、頭をよくするためでもなければ、成績を上げてよい学校に進学するためでも、豊かな生活をするためでもなく、学校が生まれるはるか昔から、ヒトが生物として生き延びるために、異なる遺伝的素質を持った人たちどうしで、どうしても知識を共有する必要があったからだということがわかります。成績がなかなか上がらないことが遺伝のせいであることを否定はできません。しかし**一人ひとり異なる遺伝の影響が教育によってあぶりだされる**からこそ、人はみな異なった知識の使い方をすることによって互いに助け合いながら生き延びることができてきたのです。**教育とは決して他人よりもよい成績をとろうと競いあうためではなく、また自分自身の楽しみを追求するためだけでもなく、むしろ他の人たちと知識を通じてつながりあうためにあった。その意味でヒトは進化的に、生物学的に、教育で生きる動物なのです。**

この本では、私がこれまで取り組んできた教育に関わる科学的研究の結果をふまえて、高校生や大学生だったころの私自身に向けて、なぜ私は学ばねばならないのか、何をどう学べばよいのかを考えるヒントを伝えたいと思います。

目次

序章　教育は何のためにあるのか？

教育は成績を上げるためにあるのではない

教育について書かれた本は、だいたい二つに分けられます。一つは「どう教育すればいいか」について、もう一つは「教育とは何か」についての本です。

子どものやる気を引き出すにはどうすればいいか、集中力・記憶力・判断力・生きる力を育てるにはどうすればいいか、いい大学に合格する学力を身につけるにはどうすればいいか、などは前者の「どう教育すればいいか」に当たります。世の「教育書」なるものの多くはこのグループに入るでしょう。生まれる前の胎教に始まり、赤ちゃんや幼児のしつけ、おけいこごとや早期教育、学校や受験のための勉強、職業教育や社会教育、そして認知症対策に至るまで、どうすればいい成果が得られるかについて書かれた本は枚挙にいとまがありません。

しかし本書は、そういうことについては、ほとんど触れていません。特に他人と比べて学業成績を上げるためにどうすればよいかということについては、考えてもほとんど無駄なことなので、はじめから問題にしません。

それが一番重要なのに⁉　そうではないのです。本書では生徒も親も一番心配するくらい大事そうな問題が、なぜ考えても無駄なことなのかについて説明します。むしろ教育の問題はそんなところにはないのだということを論じていきます。

なぜなら、人間の能力は、基本的に遺伝の影響を受けているからです。あることがらをどの程度学ぶことができるかは、想像以上に遺伝子たちの条件に左右されていて、個人の努力でそれを大きく変えることはむずかしいことが科学的に示されています。ですから教育で大事なのは「どう」学べば他人と比べて成績を上げられるかではなく、むしろ「何を」学べばあなたが生きていくのに意味があるかということだというお話をします。

人間は遺伝子の産物である

一方、「教育とは何か」に関する本は、教育そのものについて書かれた本です。ここには教育の中で学ぶ子どもの心理、教育のために作り出されたさまざまな文化、それらを支えている教育の制度や思想や歴史などに関するものが含まれます。

本書は、どちらかといえばこちらのグループに入る本です。しかし、これまでに書かれた本とは、根本的なところで大きく異なる姿勢で「教育とは何か」について考えます。それは教育を生物学的現象として科学的に考えるという姿勢です。

さきほど「人間の能力は、基本的に遺伝の影響を受けている」と申し上げたのも、生物学、特に「行動遺伝学」という科学の知見からいえることで、本書の第二部でお話しする内容です。いままで教育の世界で、「学力の個人差は遺伝による」ということは、ほとんどタブーでした。いえ、いまもタブーでしょう。ほかの動物はいざ知らず、人間だけは遺伝にしばられていない、教育によって望ましい姿に作りあげることができる。だからきちんと勉強すれば誰でも成績をのばすことができるという前提にたって、私たちは教育を語り、設計し、実践してきました。

あらゆる生物が遺伝子の産物なのに、人間だけは違うのだそうです。人間も40億年前から遺伝子を伝達し進化しながら生き続けた結果として存在し、体つきも体の働きも、遺伝子の影響を受けているのですから、能力だって同じように遺伝の影響を受けることはあたりまえのことなのに、教育の世界ではこのあたりまえのことがあたりまえとされていません。なんと非科学的な態度でしょう。

そんなはずはないだろう？　スポーツで厳しいトレーニングにはげめばちゃんと結果が伴うことは、オリンピックでも部活のスポーツ大会でも示されているではないか。期末試験や入学試験で、いい予備校やいい先生について、きちんと勉強方法を工夫すれば、ちゃんと成果が出ることとは、『ビリギャル』や『下剋上受験』のように証明されているじゃないか。それなのに、そんな遺伝決定論を唱えるのは、そもそも誤っている。

そのような反論・批判もあるでしょう。しかしながら、本書は遺伝決定論を唱えようとするものではありません。ここでお話しするのは、エビデンス（証拠）に基づいた科学的推論です。一見、明らかに教育の効果が表れていると思われる現象も、実は遺伝子の表れであることを第二部でお話しします。遺伝の影響を科学的に明らかにすることを、差別を科学的に正当化するものだと嫌悪し批判する人が少なくありませんが、そのような姿勢こそが、現実にある遺伝的格差を暗黙の裡《うち》に容認し、助長し、理不尽な差別を事実上正当化することにつながるのだということを示します。

教育は無駄か

このように言うと、決まって「能力は遺伝で決まっているのなら、教育なんか無駄じゃないか」という声に出会います。しかし、これも科学的な考え方とは言えません。なぜなら「遺伝」とはどのような意味か、また教育が遺伝に対してどのような働きを持っているのかについて科学的に正しい理解のうえにたった考え方をしているとは到底言えないからです。

人間（ヒト）は、ほかの動物と違って、生きるために必要な知識を、一人だけでも、またほかの個体がやっているのを見て真似するだけでも学ぶことはできず、すでに知識を持っている人たちから、何らかの形で教わらなければ身につけられない動物として、進化的に生まれついています。このことを強く示唆《しさ》する科学的な証拠が、動物学や心理学、脳科学などさまざまな領域で、同時多発的に報告されるようになりました。それらを総合して考えると、**人間（ヒト）とは「教育によって生きる動物（Homo educans）」である**と考えられます。これが本書で主張される最も重要な仮説です。

ヒトを「知恵のそなわったホモ属（Homo sapiens）」と呼ぶように、その知能の高さは、進化的に最も近い現存する霊長類であるチンパンジーと比較しても、抜きんでたものがあるように思えます。ヒトがそんなに頭がいいのなら、教育に頼らず、生きるための知識をすべて自分の力で獲得できるほどの強力な「独学脳」「個体学習脳」に進化してもよかったはずです。ところがどうでしょう。実際にはそのようになっておらず、むしろ他個体たちを利用し、他個体たちと協力し、他個体と知識を交換しながら生きる動物として進化してしまいました。

これは一般に食物の獲得や分配などの形で生物界にさまざまな形で見られる「利他性」、すなわち自分の利益よりも他個体の利益になるような機能を当面持つことが、最終的には自分や自分と同じ遺伝子を生き延びやすくさせるという特徴が、知識獲得・知識分配という側面で現れたものとみなせます。**私たちの脳はどうやら「独学脳」ではなく、他者から**

知識を分け与えてもらうような学習をする「教育脳」のようです。

教育を支える脳活動

ヒトはその巨大な大脳皮質連合野のおかげで、脳の中だけで外からは目に見えない複雑な情報処理を行い、それを用いて生きる動物になりました。私たちが日々、「心」と呼ばれる内なる世界で、感じ、考え、悩み、想像と創造を試み、決断しながら行動して生きているのがその証《あかし》です。その過程で作り出された「知識」こそが、ヒトに特有な生物学的な産物である「文化」を形作っています。

その文化を形作る知識を学習し、使えるようになることで、ヒトは初めて人間として生きることができるわけですが、なにせそれらの知識が、脳の中で目に見えない過程で作られていますので、これを見える形に表して、他個体との間で学習しやすくさせねばなりません。そのために生み出されてきたのが「教育」、つまり「教える」という行動と「教わって学ぶ」という行動がセットになった学習様式なのだと考えられます。

このように教育の発生にはヒト特有の脳の機能が大きく関わっています。ですから、教育について理解するには脳神経科学の証拠も必要となってきます。このことから教育をするために作り出された脳の特別な働き、すなわち「教育脳」という状態があるのではないかという仮説が生まれます。「教育脳」という概念は、まだ実証的に示されていませんが、その可能性について、第三部において、今日の脳神経科学の知見からも考えてみたいと思います。

納得のいかない「教育学」

それにしても、いったいなぜ、このように生物学的な視点から教育についての論考をしたためねばならないのでしょう。

それは教育学者である私が接してきた教育についての議論に納得がいかないことが多かったからです。教育に関して「あたりまえ」のように議論されていることの多くが「あたりまえ」と思えなかったのです。そして自分なりに納得のできる教育についての説明や理解が、これから論じていこうとする生物学的な根拠からもたらされたものだったからです。

私は大学の文学部で教育学を学び、いま教育心理学者として大学に勤め、人間の心理や行動の発達に及ぼす遺伝と環境の関わりを明らかにするために、行動遺伝学という領域の理論と方法に根差した研究に長年たずさわって、大規模なふたご研究を続けています。また同僚や知り合いにはいろいろな分野の教育学関係者がいて、日ごろから公に私にふれあい、教育についての議論をしてきました。その中で納得のできなかったことの一つ目は、教育は何のためにあるのかという問いです。

私の学部時代の先生からは「子どもをよくしようとするため」と教わりました。法律には「人格の完成」などと書かれ、また教育学者は「人間形成」とか「社会化」とかといいます。しかし私にとっては、そのいずれもが抽象的で中身のよくわからない、何やら実現不可能な理想をほのめかす大風呂敷であるように感じられました。たぶん世の中では誰も学校に行くとき「さあ、きょうもよりよい人間になるぞ」とか「人格完成に近づこう」とかとは思っていないでしょう。むしろ「よい学歴を得るため」「よい成績をとる（あるいは落ちこぼれない）ため」という利己的な目的のようにしかとらえられていないように思われます。

しかし、もし教育が進化の過程で獲得されたとすれば、それはヒトの生存と繁殖に関わるストラテジーだということになります。つまり**教育は人間を「よくする」ためではなく、それ以前に「生きるため」「生き延びるため」、そして「命をつなぐため」に生まれたということになります。**もしこのことが正しいとするならば、教育は「人格完成」や「人間形成」ではなく、生きるうえで使う必要な知識を学習するためにあるはずです。また「社会化」することも、それ自体が教育の目的なのではなく、ヒトそれぞれが、いま生きている社会の問題を解決することによって、自分も生きやすくするためにあることが明確になってくると思われるのです。

人間は生きるための知識を自分一人でため込み、自分のためだけに使うのではなく、他者と共有しながら使います。さらにヒトの利他的な性質から、他個体の生存のためにそれを使わざるを得ません。そのためにヒトという生物は教育という、かなりコストのかかる学習ストラテジーを進化の過程で獲得したのではないかと考えられます。ですから**教育の本来の目的は、人格形成といった抽象的な目的や、自分だけのためなのではなく、他者のため、他者と共に生きるためにあるということになります。**

これは「勉強は他人《ひと》の役に立つためにしなければいけません」などという道徳的なお題目ではなく、科学的な事実認識です。あなたがどんなに利己的な目的で勉強し、またそれを促されるような教育を受けたとしても、そこで学んだことが結果的にはいやおうなく他者のために使われてしまうのです。そしてその使い方が私たちの社会を作り、翻《ひるがえ》ってその社会の中で生きる私たち一人ひとりの生き方を規定していってしまう。そういう機能を、教育は、その生物学的な成立条件から、必然的に果たしてしまっているのだということに気づかされます。

このことに気づいたのは10年くらい前のことです。それに気づいたとき、なんでこんなあたりまえのことを教育学者の誰も指摘してくれなかったんだろうと不思議に思いました。これは私にとっては自分の教育観だけでなく、人間観や世界観そのものを根底から揺るがす大発見でした。

といっても、この認識のほぼすべては、動物行動学や行動遺伝学、発達心理学や認知心理学や進化心理学、そして脳神経科学など、既存の科学の近年の知見から示唆されたことであり、私自身が発見したことなどほとんどありません。ましてや私自身の価値観を表現しようとしたものでもありません。しかしそれらをもとに教育とは何かを考えると、教育学や世間の教育談義がはっきりとことばにできていない重要な「人間と教育の本質」について気づかされるのです。

学校教育が教育か

教育について納得のいかなかったことの二つ目は、なぜ教育についての議論の多くが学校教育に限られているのかということです。私は自分にとって重要な学び、わくわくするような知的経験、苦しくても高いところを目指そうと思わせてくれたきっかけ、それらが学校の教室の中で起こったという気が、どうしてもしませんでした。それはむしろ教室の外で誰かや何かが私に教えてくれたことだったように思うのです。

教育を考える対象を近代的な学校教育に限ると、そもそも教育を「進化」などという40億年も前からのほかの動物との連続の中に位置づけようとする試みなどまったく無意味になります。人類史全体の中ですら歴史はせいぜい200年くらい、日本では寺子屋や藩校ができてから、西欧でも産業革命以降の出来事なのですから。

確かにそのころから教育は、一部の家や専門集団の営みにとどまらず、さまざまな年齢のあらゆる人々に対して、国家や地域コミュニティーで意図的、組織的、計画的になされるようになり、教育についての論考や資料も飛躍的に増えます。

しかし教育はそのころになってようやく、突然に生まれてきたのでしょうか。キリストやブッダや孔子がしたことは教育ではなかったのか、メソポタミアやエジプトの古代文明が、なにがしかの教育的な行為をまったく欠いたままで成り立ちえたのか、人類史の大部分を占める狩猟採集や石器の文化では、生業《なりわい》のための技術や知識は教育にまったくよらずとも、見よう見まねですべて学ぶことができたのでしょうか。また現代社会においても、学校や学校的な形でなされる教育以外の、本や新聞やテレビ、インターネットなどのメディア、人々の間でさまざまな機会に交わされる多様な他者からの情報が教育としてあつかわれなくてよいものなのでしょうか。学校というものがあまりにいまの文化の中で大きな「教育」の担い手となって「あたりまえ」の存在になってしまっているために、そうした生物進化と文化進化の大きな流れの中で教育を見る目が失われているようです。

学校外で生ずるそのような個人的な学習経験は、そもそも「教育」ではないといわれるかもしれません。教育とははっきりと先生と生徒の間でなされること、あるいは学校という制度の中で生ずることだという考えには根強いものがあります。だからでしょうか、教育学者の中には、逆に学校教育を批判し、学校というキーワードではなく「人間形成」のような視点から教育を考えようとする人たちも少なくありません。学校のように教育のために人工的に作られた場ではなく、人々が暮らすホンモノの生活の活動の中に教育を探そうとする人たちもいます。かつての「ゆとり教育」やいま流行のアクティヴ・ラーニングなどにもそうした潮流が反映されています。そのような実践や思想はしばしば理想の教育のように美しいものとして、雄弁に紹介されがちです。私もそのような意見に共感を覚える部分がありました。

しかし、そのような見解の多くは、第一部でお話しするように、一人だけで成り立つ「個体学習」や他者のふるまいを見て学ぶ「観察学習」（これらはヒト以外の動物でも行っている学習の様式です）と、ここで強調するヒト特有の「教育（による）学習」との区別ができていないようです。そしてヒトが生きるために教育による学習を用いる動物として進化した以上、何らかの形の学校――つまり学習させること自体を目的に、生業とは異なる時間・空間・素材を用いて計画的に教育学習を行う場――が生まれてくることも、文化進化の過程で必然的だったと思われます。このことも第一部で議論しますが、ひとまず学校というものが教育の一つの正統な場であることは認めざるを得ません。問題は学校と学校外の教育による学習をつなぐ理論やしくみがないということです。

学校で学ぶことは不可能

さらに疑問に思うことがありました。学校教育が教育の正統な場だと認めたとしても、なんであんなに多岐にわたるたくさんの教科を、誰もが同時に学ばなければならないのでしょうか。中学、高校の時間割を見てみると、実に盛りだくさんの教科が、毎日、毎週、何年間にもわたってあたりまえのように配置されています。

実は私は比較的最近まで学校で教わる歴史に何の意義も興味も見いだせませんでした。しかし人生も後半に入ったいまごろになって、ようやく関心を持つようになり、意を決して世界史と日本史の通史を、それぞれ全30巻ずつほどある全集ものを通読したりして学び直しています。その中で気づかされるのは、中学・高校の歴史の教科書は非常によくできているということです。先史時代から現代にいたる人類の行ってきた、いまにつながる重要なほぼ全てのことがらを、数百ページの書物によくもこれだけコンパクトにまとめたものだと感心させられます。教科書だけでなく、上手にまとめられた補助資料集や受験教材などを使って歴史を本当に血や肉になるほど理解できれば、この世界に生きる人間として、人類は何を求め、何のために血を流し、その中に生きる自分がいまなおどんな問題に取り組まねばならないのかが、浮かび上がってくるように思われます。

歴史だけに限りません。その目で見ると、いま学校が国民に学ばせようとしている知識は、人類の知的成果である人文学、自然科学、社会科学の知識から芸術、体育まで、無駄なく素晴らしく充実しています。文科省の定めた学習指導要領にカバーされている教育内容のほとんどは、この世界でおこっていることをちゃんと理解しながら生きるうえで、本当に学ばねばならないことばかりであることに気づかされます。なるほど国が国民に求めている知識レベルとはこれほどのものだったのかと、いまようやく気づかされ、その志の高さと、それによって実際に機能している教育制度の成果の高さに、皮肉ぬきに「感動」すら覚えています。

しかしそれにしても、あまりにも多すぎ、あまりにも難しすぎます。いちおう世間では知的職業の頂点とされる大学教授になっている私（えっへん！）から見ても、これはとうてい学びきれるものではないだろうと思います。しかし国家も教師も、あたりまえのように、これらを国民に課している。そして学べなければ、教員の教育能力の低さか、学習者の努力不足のせいにされています。どうして誰もこのことに疑問を覚えないのでしょう。

その多さと難しさに、高校生当時の私は、入試問題に解答できるような形でのうわべの知識の使い方をひいひい言いながら学習し、本心ではこんな知識は自分の人生とは無関係だと思うようになりました（とりわけ歴史がそうでした。数学や物理化学は、理解不十分とはいえ、現実に直結しているので意味があると感じていました。もちろん歴史も現実に直結しているのですが、そのときはそのように思えなかったのです）。いや、きっと私だけではないでしょう。一部の遺伝的に適合したホンモノの優等生を除いて、多くの国民が学校教育に対して、人類知の総体に触れる感動とそこから得られる実際的なご利益《りやく》への感謝とは正反対の、うんざりした気持ちや逃げ出したい気持ちになっているようです。そんな中で、みんなはいったいこれを実際にはどのように学んでいるのか。これは大きな教育学のテーマとして浮上しています。

教育は錬金術ではない

おそらく、中学・高校での学習は将来、大人になって、いろいろな社会経験を積むことによって、これらの知識の意味がわかるようになったとき、振り返って知識のありかを改めて本当に求めるための手がかりとして、そのアウトラインに、表面的ではあっても触れておくことが目指されているのだという考え方があるでしょう。またできる、できないに関わりなく、何かを達成するために努力する態度を学ぶことが重要なのだという意見もよく聞きます。しかし本当にそれでいいのでしょうか。

繰り返しになりますが、学校で扱われている知識は、どれもこれも、私たちが生きることの世界がどのようにして成り立ってきたのか、成り立っているのかを理解し、それを基に人生を歩んでいくために必要となる知識ばかりです。もちろんそれらを知らなくてもただ生きることだけはできるでしょう。運がよければ金持ちにもなれるかもしれません。しかしそれをどれだけきちんと知っているかは、私たちが生きてゆくうえでより適切な洞察や意思決定をし、よりよい文化を築くことに直接・間接に関わってきます。これらの知識のいずれかが、国民の誰にもきちんと学ばれないままで放置されたとしたら、そこから文化はほころびをきたし、崩壊すらしかねないでしょう。そして実際にどの知識も、多くの人は本当には学べていないし、むしろ無力感を学習している人すらいるのではと危惧《きぐ》されます。

しかし私が学べなかった微分方程式は、私より能力のある人たちがきちんと学んで使ってくれているおかげで、無数の科学技術の中で用いられ、便利で安全な社会をわれわれも享受できています。また私が無関係と思った歴史の軌跡をきちんと理解し、その意義を感じ取ってくれた数多くの人たちがいるおかげで、いまその人たちが作っている洗練された食や衣料や住まいや芸能芸術や製品やサービスや制度などの文化を享受させてもらえているわけです。しかしこれらすべての知識を、国民のすべてが、学校にいるときにきちんと自分の知識としてストンと胸に落ちるところまで理解し使えるようにすることは、明らかに「ムリ」です。しかしそれをムリと正直に言ってくれる教育学者はほとんどいませんし、ムリなことをさせるとどうなるか、ムリだとしたらどうしたらいいのかをまじめに考えている教育学者にも出会ったことがありません。

これは鉛を金に変えることなどムリに決まっているのに、変えることができるはずと信じてさまざまな試みに大真面目でとりくんでいた中世ヨーロッパの錬金術を思い起こさせます。なるほど、分子構造を変える技術ができれば可能でしょう。いま着目され始めているゲノム編集の技術は、人間の能力についてもそんなことまで科学の力で実現させてしまうような世界を想像させます。しかし世界中の金属をすべて錬金術によって金に変えることがほんとうによいことなのでしょうか。あるいは金属の持つあらゆる「よい」性質をあわせ持った万能の新素材金属を開発することをめざすべきなのでしょうか。

金には金の、鉛には鉛の特性があり、腐蝕のしにくさ、加工のしやすさ、熱や電気の伝導性など、どの金属にも異なった特性があります。見方を変えれば、どの金属もその特性ごとに限界や制約、欠点があるわけです。

私たちは錬金術の夢をあきらめた代わりに、それぞれの特性の持ち味を知り、それを生かした使い方を長い時間をかけて見つけ出してきました。教育もそろそろ錬金術の夢から目を覚まし、現実に向き合う必要があります。

ヒトの学習は経済活動と同じで、資源（時間的・物理的・能力的資源）の有限性の制約を受けています。ところが教育の議論では、それらがあたかも無限であるかのごとく見積もられ、それがあたりまえのようにみなされているのです。これは錬金術の夢を追いつづけているとしか言いようがありません。

教育の定義

ここまでお読みくださった方の中には、そもそも何を教育と呼んでいるのか、教育の定義はそもそも何なんだと疑問をお感じになった方も少なくないでしょう。そうです。こうした疑問を科学的に考えるうえで最初に重要になるのは、**教育をどう定義するか**という問題です。それこそが教育について私が抱いてきた疑問のもっとも根源にあるといえるでしょう。

教育の目的同様、定義も人によってまちまちです。その中で私も教育の定義を自分なりにずっと模索してきました。この問題がかなりクリアーに整理されたのは、動物行動学者であるカロとハウザーという研究者が1992年に唱えた定義に出会ったときです。これについても第一部で取り上げますが、基本的には「**すでに知識や技能を持つ個体が、目の前にその知識や技能を持たない学習者がいるときに特別に行う利他的な行動によって、その学習者に学習が生じること**」です。この定義をめぐってはさまざまな議論がその後もなされており、まだ決着がついたわけではありません。そもそもこの定義を知らない教育関係者のほうがずっと多いでしょう。しかし教育の機能的定義と呼ばれるこの定義が、教育について科学的に考えるときに発揮する切れ味は、これまでに見聞きした文科系のいかなる深遠な教育に関する定義や目的の議論よりも鋭いと思わされます。

こうしたことがらを読者のみなさんにお話しすることで、みなさんが教育について、これまでとは別の視点から考え直すきっかけになれたらと思います。

第一部　教育の進化学

第1章　動物と「学習」

1　知識によって生きる動物

生の三欲

よく「生きるための三欲」といいます。動物が生きるために必要とする欲を三つあげるとすると、何でしょうか。

「食欲」と「性欲」はすぐ思いつきます。この二つが確かに動物が生存しつづけるために必要であることは誰も疑問に思わないでしょう。問題は三つ目。

これをいろんな人にたずねると、「睡眠欲」や「排泄欲」があがるようです。確かに睡眠や排泄は、生きていくうえで必要となりそうですし、しばしば「眠くて眠くてたまらない」とか「トイレに行きたくて仕方がない」という気持ちにおそわれるところは、欲に似たところがあります。特に睡眠をコントロールしているのは食欲や性欲と同じ視床下部という脳の部位ですので、これを三つ目の「欲」に数えることには妥当性があるかもしれません。

でも脳のないゾウリムシにはおそらく睡眠欲はないでしょう。それに「欲」というのは、文字どおり「欲しくて欲しくてたまらない」という気持ちです。「食べ物が欲しい」「あの人が欲しい（セックスしたい）」という気持ち、つまり生存や繁殖のために必要なものが枯渇《こかつ》しているから、それを取り込もう、自分のものにしようとするわけです。しかし「眠りたい」「排泄したい」というのは、何かを取り込んで自分のものにしたいという性質のものではなさそうです。

さらに食欲と性欲は、単に個人がそれを欲するだけでなく、それが次の世代をはぐくむことにも関わってきます。性欲はいうまでもなく、子どもを作り、遺伝子をつなぎます。食欲は卵《らん》や胎盤や乳、食餌《しょくじ》を通じて子どもに栄養を供給することにつながります。しかし寝ることや排泄することには、そのような世代性はなさそうです。

そうすると、ネコやカエルやミミズにも、それどころか単細胞動物であるゾウリムシですら持っているであろう、動物が生きるために必要な「生の三欲」の三つ目とは、いったい何なのでしょうか。そんなものがあるのでしょうか。

ありますす。それは「**知識欲**」あるいは「**学習欲**」です。

学習とは何か

動物は文字通り「動く」物です。動きますから環境はその都度《つど》変わる。するとその中で生き延びるために必要な行動を新たに学ばねばなりません。食べ物はどこにあるか、餌食《えじき》となる動物をいかにしとめるか、安全な場所はどこか、安全を脅《おびや》かすものが近づいてきたらどのように行動すればよいかなどを学ばねばならない。これが「学習」です。

学習とはそれまで持たなかった運動パターンや知識を新たにし、忘れずに持ち続け、必要なときにそれを使えるようにすることです。学習というと、教科書や問題集などでお勉強することを想像するかもしれませんが、心理学ではもっとずっと広く考え、「経験による行動の持続的変化」を指します。この定義に当てはまるなら、ヒトだけでなくあらゆる動物のあらゆる行動の変化について用いられます。つまりゾウリムシのように単細胞で神経系すらないものから、ヒトのように1000億もの神経細胞ネットワークからなる脳を使って複雑な学習をすることができる動物まで含めて、経験によって後天的に行動を変化させることを「学習」と総称するわけです。

どんな動物もそれぞれに、すでにこの世に生を受けたときから、環境に適応しながら生き延びるためのさまざまな行動様式を生まれつき持っています。それ自体は生得的な行動ですが、それをもとにした学習をする働きをも備えているのです。

たとえば単細胞動物のゾウリムシは繊毛《せんもう》を使って水の中で泳ぎ回りながら、彼らなりの居心地のいい場所を探しているようです。きっと彼らにとって暑すぎず寒すぎない安全で快適な場所、そして餌となるバクテリアがいそうなところへ近づこうとしているのでしょう。これは一般に「走性」と呼ばれる行動で、たとえば光に対する走性なら、明るい方へ明るい方へと向かおうとする（逆に暗い方へ向かう走性もあります）、重力に関する走性なら上の方へとか下の方へとか向かおうとするなどといった行動があります。それ自体は生まれつき持った「反射」です。一定の環境が与えられれば無条件に必ず現れる反射なので「無条件反射」といいます。反射も、たとえば寒すぎるところに移せば動きが鈍くなるといった行動の変化はありますが、これ自体はもともと持っている反応のパターンで新たに獲得されたものではなく、そのとき限りの一過性の行動の変化ですので、先の学習の定義の「持続的」に当てはまりません。頭脳など持たず、きっと本能だけで生きているであろうゾウリムシたちにできるのは、せいぜいそんなところだと思うでしょう？

ところが彼らは一度うまく適応できた環境があると、なんとその場所の温度や地形まで覚えているらしいのです。彼らをある温度で培養しておくと、新しく温度に違いのある環境に移したとき、元の培養されていた温度の方に集まって泳ぎだします。これは無条件反射でやっていたことが、新しく与えられた特定の条件との結びつき（これを「連合」といいます）を学習したもので、条件反射といい、このようなタイプの学習を「**レスポンデント条件づけ**」といいます。生まれつき持っていたわけではない刺激と反応の連合を学習するわけです。有名なパブロフの犬（エサを与えるときメトロノームの音を聞かせるとその音を聞くだけで唾液が出るようになる）も条件反射であり、レスポンデント条件づけによるものです。

またゾウリムシを一匹つかまえて3〜4・5㎜程度の正方形、正三角形、円形の容器でしばらく泳がせてから、別の形の容器に移しかえると、彼らは元の形にあわせて泳ぎだすのだそうです。これを調べた研究者がこの実験を500匹もやってみたところ、はっきりそうなったのは円形とそれ以外の形の間で移しかえた場合だけで、正方形と正三角形の区別はつかなかったということです。しかし人間だって、目隠しでそんな形の部屋に入れられて、その部屋の形や大きさを覚えておけと言われたら、壁が丸いか直線で角があるかの区別をするのがせいぜいでしょう。それを単細胞でやってのけるとはすごい学習能力ではありませんか。

「知識」と学習

暗く湿った場所を好んで生きるモジホコリという不気味な名前の粘菌は、単細胞のくせに肉眼で見えるほど大きく育ちますが、これもまた迷路を学習したり環境の温度変化を予測できるようになることがわかっています。こんな学習をコンピュータにやらせようとすると、環境変化の情報をフーリエ変換というむずかしい関数計算で処理しないとできないそうで、単細胞動物のこうした能力を用いてコンピュータ（粘菌コンピュータ）を作ろうという試みもなされて注目されています。彼らは決して無条件反射しかしていないただの本能マシーンなのではなく、ある種の「知性」を持ち、学習をして自らの行動を環境により的確に適応させているのです。

こうした学習の結果、将来同じ場面に出くわしたときに自身の行動を環境に適応させるための変化が動物の内部に起こります。ゾウリムシや粘菌とヒトでは、その変化が生じる仕組みはまったく異なりますが、とにかくなんらかの安定した変化が生じます。それは、言い換えれば、「記憶」あるいは「知識」と呼ぶことができるでしょう。**ゾウリムシも「知識」を「学習」し、「記憶」を持っている**わけです。

新たに知識を持つことで、動物はより生き延びやすくなります。いや逆に、知識を学習しなければ、動物は食べ物や安全を得そこね、早晩死に至ることでしょう。ですから単細胞動物からヒトに至るいかなる動物も、必要に応じていやでも学習を行います。このように学習とは生き延びるために知識を得ようとするものですから、それは食欲や性欲と同じように本能であり、「欲」といえるのではないでしょうか。

私がこの三つ目の欲に気づいたとき、どうしてこんなあたりまえの重要な「欲」があるのに、食欲や性欲と同じような「欲」として思い浮かばなかったのか、逆にそのことに驚きました。確かに「学習」というコトバから学校のお勉強しか連想できないと、そんなつまらないことが食欲と性欲と同列とは思えないでしょう。しかしたとえば、ポケモンＧＯのようなゲームやインスタグラムを知らない人が、友だちみんながそれに夢中になっているのを見ると、無性《むしょう》にやりたくなるでしょう。そのとき、そのやり方や使い方を知りたくなり、ひとに聞いたり雑誌やネットで調べたいとおのずと思うはずです。これはすでにれっきとした「学習」です。

私たちはとかくゴシップや珍しい出来事の話をするのが好きです。どこで誰がどうした、どんな出来事があったかを、昔なら井戸端会議や瓦版（江戸時代に庶民の間に流布《るふ》した新聞）で、さらにいまは新聞、ラジオ、テレビ、インターネット（最近はとりわけＳＮＳ）のように新しいメディアで伝えて、それで知ったことをまた知り合いどうしで伝え合って学習しています。それが生活に役に立つ知識ならなおさらです。昔であれば狩猟や農耕でより多くの収穫ができるような技術や、病気を治す薬となる植物なども、お互いに伝え合って学習していたでしょう。

それどころかもっと高尚で難しいことまで知ろうと思う人々が出てきます。飛鳥《あすか》・奈良・平安の時代には仏教の知識を学習しようと、遣隋使や遣唐使として多くの僧らが命がけで海を渡り、数多くの仏典や珍しい品々はじめ、大陸の諸文化を日本に持ち帰り、私たちの実生活や精神生活、世界認識を変えてくれました。

ソクラテスの「エロス」

知識欲が性欲と同じ働きをしていることに気づいていた人がいました。ソクラテスです。彼は『饗宴《シンポジオン》』という有名な対話篇で、「愛」についての議論の中でエロスについて語っています。プラトンが描く哲学談義は、そのほとんどが師ソクラテスがアテネで市民たちと議論し、徳とか正義とかをその議論を吟味しながら徐々に明確にしていくというスタイルを取るのですが、この『饗宴』では珍しく、ソクラテスがエロスとは何かを、巫女《みこ》ディオティマから教わったとして、みんなに話して聞かせるという形を取っています。

ディオティマによるとエロスは神ではなく、神と人間の中間の存在である精霊《ダイモーン》で、豊穣ですべてを持つ神ポロスを父、貧困で何も持たない神ペニアを母として生まれ、自分自身は何も持たないが、常に美しいものを得ようとし、美しいものの中に生殖しようとする存在だというのです。それが肉体に向かえば性欲（性愛）に、精神に向かえば哲学（智愛）つまり知識欲になる。いずれも生命の崇高な欲求としておおらかに語られるのです。

学習の二つの型――レスポンデント条件づけとオペラント条件づけ

ちなみに人間が行うこのようなさまざまなレベルの学習は、ゾウリムシのように生得的な無条件反射に基づいて新しい環境刺激との連合によって獲得される条件反射の形成、すなわちレスポンデント条件づけとはちょっと違います。

人気俳優の不倫騒動について知りたくてゴシップに花を咲かせるとか、難破する危険があることを知りながら船に乗って中国にわたり、魂を救ってくれるブッダの知恵を体得するとかといった学習は、すでにその学習行動を起こすきっかけが温度や光や栄養といった生理的な条件の最適化のために組み込まれた生得的メカニズムに直接由来するわけではなさそうです。自分自身が道を外れた恋に溺《おぼ》れそうになっていて人気俳優の不倫の顚末《てんまつ》を是が非でも知っておきたいという理由かもしれませんし、命がけの恋に破れた若い僧が仏の道に救いを求めて半ば自暴自棄に遣唐使船に乗り込んだのかもしれません。その由来はどこから来るかわかりませんが、とにかくすでにそれまでの人生経験の来歴の結果として、その人自身の状態がそのときの状況の中で自発的に起こした行動が生み出す学習です。その行動を起こすことによって、自分の知りたかったこと（どうすれば不倫を成就できるかについての知識）、解決したかった状態（失恋の苦悩の救いを万人の救いに昇華させる知恵の会得《えとく》）を得ることができるという手ごたえがあれば、その行動をし続けるでしょう。こうして学習が成立します。

これを先のレスポンデント条件づけに対して、**「オペラント条件づけ」**と学習心理学では名づけています。「ある刺激」に対して起こした「自発的行動（オペラント）」に、その行動の頻度を増大させられる「報酬（強化子）」が与えられることで、この「刺激―オペラント―強化子」の3項の結びつき（随伴性）が条件づけられる（「3項強化随伴性」といいます）というタイプの学習です。これも人間を含むたくさんの動物による実験が長年のあいだ行われています。

ヒトは「情報」ではなく「知識」によって生かされている

こういっても依然としてピンとこない人も多いかもしれません。何しろいまの私たちにとって「知識」は、空気のようにどこにでもあるのがあたりまえで、水道水と同じくらい手に入れるのが簡単です。それは学校やメディアで浴びるように触れさせられており、むしろそれを知らされることにうんざりとすらさせられています。知識を「情報」と言い換えれば、いまはまさに高度情報化社会。パソコンやスマホでグーグルやヤフーやユーチューブ、インスタグラムなどを使って検索すれば、文字情報だけでなく、画像でも音声つき動画でも情報をゲットできます。そんな知識飽和社会に生きる私たちが、食欲や性欲と同じように、生きるために必要な情熱《パッション》でそれを求めようとすることを実感するのが難しくなっているのは、無理もないことかもしれません。「飽食の時代」ならぬ**「飽知の時代」**です。そしてこの傾向はますます加速しつつあります。

しかしこのような世界になったのはそう遠い昔のことではありません。明治維新以降、初めて小学校が日本のすみずみまで作られたときに、学校なんか無用だと思った農民たちがたくさんいました。ラジオが普及したのは大正時代、テレビの普及に至ってはいまの天皇・皇后の成婚パレード中継を国民がこぞって観ようとした昭和34年のことです。いまでもメディアが行き渡っていない国、情報の開示に制約のある文化はたくさんありますし、実はいまの日本だって、大きな災害があれば、必要な情報が届かないために、誤って命を落とす人が出てしまいます。いや災害に巻き込まれていない平時ですら、生きるうえで重要なはずの知識や情報に、誰もがきちんとアクセスできているかといえば、必ずしもそうではないといわねばなりません。

しばしば「あいつは何もできないくせに知識ばかりひけらかして……」などと悪口をいわれるようなとき、「知識」はただ頭の中にあるだけで、有効に使われない役立たずの代名詞になっています。学校や本で勉強したものの、テストが終わるとすぐ忘れてしまうような、歴史の年号や数学の公式の暗記のようなものです。しかしそれは「知識」ではなく、テストでいい点を取るために使われる単なる「情報」にすぎません。「情報」は確かに活字や写真や電子データとして物理的・客観的に存在し、必要なときにだけ利用することができます。しかし体の中にしみこんで、その人そのものを作り、その人自身になったものではありません。**知識は、はじめは情報として私たちのもとに届けられますが、それをその場限りで利用するにとどめるのではなく、「学習」し自分の人生を生き抜くための素材として末永く使える形で自分のうちにとどめられたとき、それを初めて「知識」と呼びます。**

つまり「情報」とは手軽に手に入れて必要なときだけ使って、使い終わったらもう心に残らないレンタル製品のようなもの、一方「知識」とは苦労して学習して一生自分の心にとどめ、自分の生活の中で使い込んで磨きをかけ、自分の体の一部のようになったお気に入りの道具や家具のようなものです。

私たちを支える知識

たとえば歴史の年号の情報は、テストのために一夜漬けで覚えるのなら、その人にとって何の意味もありませんが、その人が何か興味を持ったものやことがらが、いったいいつ誰によってどのようにして生み出され、いまに残っているんだろうと気になって仕方がない疑問を持ったときには、それを理解する重要な手掛かりになるでしょう。たくさんの人が使う建物や乗り物の安全性を高めるためにはどのような設計が必要かを考えるときに、微分や積分を駆使した複雑な数学の知識が実際に使われています。誰にも診断のつかなかった病気の原因をつきとめ、みごとに治療した名医が、その診断の中で用いたのも、もはや情報ではなく知識ですし、絶望に自分を見失いそうになったときに、同じ心情を表した万葉集の一句と重ね合わせることで、救われるきっかけになったとすれば、それもやはり知識です。まさに「人はパンのみにて生きるにあらず（マタイによる福音書4・4）」なのです。

いまあなたが生きていられるのは何によってでしょう。難しく考える必要はありません。人は確かにパンのみで生きるわけではないですが、パンなしでは生きられません。そのパンはどうやって作られ、あなたの食卓に上ったのか。パンだけではありません。ごはん、おかずになる肉や野菜、調味料……。現代の都会化された空間に住む人たちにとって、これらの多くは自分ではない誰かほかの人たちの労働によってもたらされたものです。そこにはその労働がこれらのものを作り出すために、その労働者たちによって使われた「知識」があります。「米一粒残してはいけません。『米』という字が表すように、それは〝八十八〟のお百姓さんの手間のおかげで食べさせてもらえているのだから」と昔はよく言われたものです。すでに地域社会で自給自足・地産地消していたころから、八十八のステップ、つまりたくさんの手間ヒマと、その手間をかけるために用いられたたくさんの知識があったわけです。そして今日では、さらに流通、加工、販売などにたずさわるたくさんの人の手が加わり、それらの人たちの労働と、それを支える知識のおかげで、私たちは日本各地のおいしいお米を口にできています。その知識の中には、言葉や図でマニュアル化できるものもあれば、体で覚える、つまり言葉にできない身体感覚に基づく知識もあるでしょう。

よく考えれば、衣服も身の回りのたくさんの小さなグッズも家電も建物も、道路も乗り物も、その素材から機能、デザイン、その建築・整備・製造と販売にいたる、ありとあらゆるところに、それを作った人たちの労働があり、それをそれたらしめる「知識」が入り込んでいることに気づきます。またそれらを支えるさまざまな法的制度や、職場ごとに作られた働き方のシステムが目に見えない形で、私たちの生活を支えています。そしてグローバル化した今日では、世界中の人々の知識がそれらの背後にあります。そしてそれらが作られた歴史の中で、もっとずっと多くの人たちの知識が作られ働いていました。その営みは人類が続く限り続きます。このように、私たちの生は無数の人々の知識によって支えられています。そして私も、あなたも、生きている限り、知識を使い、知識を生み出し、それによって他者と関わり続けるのです。

近代の転換点

私たちの生活は、見ず知らずのたくさんの人たちの知識が生み出したものによって支えられている。この状況は人類の歴史を振り返ってみると、つい最近までは異なっていました。「つい最近」というのは、ヨーロッパでいえば産業革命前、日本でいえば江戸時代半ばくらいまで、つまり18世紀の半ば、250年くらい前までと思ってください。

それまでは、自分たちを生かしてくれるものの多くを自分で作っていました。自分でといっても、米、麦、野菜、衣服、道具、住まいなど、すべてゼロから自分一人で作れたわけではないでしょう。それらはすでに無数の見ず知らずの先人たちの知恵と工夫によって築き上げられた知識や技術の賜物《たまもの》です。とはいえ、自分が直接作らないでも、自分の知っている人たちが、それぞれ知識と技術を使って作ってくれ、その作っている様子を日ごろから見ていて、いざ自分がそれをやれといわれれば、時間はかかるかもしれませんが、また上手下手はあるかもしれませんが、やろうと思えばできることでまかなわれていました。

もちろん古くから分業はありましたし、行ったこともない土地の、会ったこともない人たちの手によるものが、交易によって少しは生活の中に入ってきたことは事実です。黒曜石で作った石片などのように、旧石器時代に北海道から本州へと遠く運ばれていたそうです。塩や胡椒《こしょう》や茶が東洋から西洋へと運ばれ、ヨーロッパの上流階級の人々の生活様式の一部を変えたこともありました。しかしそれはごく限られたものでした。

私たちの生活が、一般庶民に至るまで、自分の知らない人たちの駆使する自分の知らない知識によって作られたものによって、そのほとんどを支えられねばならなくなったのは、西欧社会では18世紀後半以降の産業革命と資本主義の勃興のあたりが境目と思われます。わが国ではそれは明治維新以降のことでした。そしてのちに論ずるように、「学校」という教育のための特別な組織と制度が庶民全体のために整備されるようになったのも、時期としてはちょうどそのころです。

あなたとはあなたの学習した知識である

あなたは何者か、あなたがどのような人生を生きるか、それはあなたがどんな知識を持ち、その知識をどのように使っているのかということに等しいといえます。さらにいえば、いまどんな知識を持って使っているかということだけでなく、どんな知識を学び続けているか、その知識をどのように使いたいと思ってそれを学んでいるか、つまりあなたが将来何になりたいと思って学習しているかまでが、あなたをあなたたらしめているといえます。

この考え方には、ひょっとしたら異論があるかもしれません。たとえばあなたの恋人は、あなたの何に恋したのでしょうか。あなたがずば抜けたスポーツマンだったから好かれたのかもしれませんし、あなたが豊かな教養を持っていることに魅力を感じたのかもしれません。しかし、そんなことはお構いなく、あなたの持つ雰囲気、ルックス、性格など、特定の知識を持つ前から自ずと醸《かも》し出してきた「あなたらしさ」によって、わけもなくただひたすら好きということがあります。それだってあなた自身のはずです。いや、あなたの持つ知識や人柄いかんにかかわらず、そもそもあなたの存在そのもの、あなたと過ごした日々の思い出が、誰かにとってあなたそのものと認識されるということもあるでしょう。親が子に持つ愛情などはそのようなものです。まさに無条件の愛です。

しかしながら、人間が自然環境や社会環境に適応し、人に迷惑をかけることなく、自分のやることに生きがいと充実感を覚えながら、他者からも認められ、きちんと生計を立てて一人前にまっとうに生きていくためには、やはり知識が不可欠です。そしてその知識のあり方が、あなたをとりまく世界の理解の仕方、あなたの生き方のスタイル、あなたの社会への貢献度などに直接関わってくる。そういう意味で、**あなたが持ち、あなたが使う知識があなたそのもの**だというのです。

2　知識の由来

個体学習

　これまでのところで、単細胞動物からヒトまで、生きとし生けるものはあまねく学習をせねば生きられないこと、その意味で、ヒトはほかの動物と何ら異なることがないということをお話ししてきました。

　そうはいっても、ヒトの学習の仕方は、ヒト以外の動物たちと、どこか違っているように思えます。その違いについて考えてみましょう。

　はじめにご紹介したゾウリムシの走性やパブロフの犬の唾液反射に基づくレスポンデント条件づけ、何らかの自発的な行動に基づくオペラント条件づけのような学習の仕方は、ある状況下で、いわば「自分一人で」行った行動に対して何らかの利益や報酬や罰が自然に得られることによって成立するタイプの学習です。自然界で、ゾウリムシにせよミミズにせよカエルにせよ、どこに行けば水やエサとなる獲物がいるか、どのようなタイミングで動けば目的を達せられるかを学習するとき、誰か真似できるモデルがそこにいるわけでもなければ、誰か教えるものがいるわけでもありません。このような学習を「**個体学習**」といいます。

個体学習とは、文字通り「一人でする学習」、つまり他個体に依存しない学習のことです。それに対することばが、社会の中で他個体に依存する学習、つまり**「社会学習」**です。これについてはすぐ後に説明します。

個体学習は、人間の言う「独学」とはちょっと違います。独学には他人の書いた本を読んだり、ビデオ教材を見たり、ネットサーフィンをして学ぶというのがしばしばありますが、それらはそのような他人がこの社会の中で作った素材に依存するという意味で、すでに社会学習、とりわけ教育学習であり、個体学習ではありません。純粋に一人だけで自然や社会と対峙する経験を通じて何かを学び知識を獲得するというのが個体学習です。

あらゆる動物は自然の環境の中で、数限りない多様な個体学習をして生き延びています。そしてその個体学習のやり方は、主として「試行錯誤学習」、つまりある条件のときにある行動を試みにやってみて、うまくいったら次の同じ場面でもその行動をとる、もしうまくいかなかったらそのときの条件を覚えていて、次のときはその行動をとらないということを通して身につけたものです。そこでは必ずしも人間が行うように意識的に「考える」「推理する」といった情報処理は必要ありません。カエルやクモやサケ、そしてゾウリムシが、人間と同じような意識を持って考えたり推理したりしているとは考えにくいですよね。それでもそれぞれの生物学的メカニズムが、何らかの仕組みでこのような試行錯誤による学習を行っているということは心に留めておく必要があります。

これがチンパンジーのような霊長類になると、われわれと同じように「推理する」「考える」ことをしているようです。１００年も前に「類人猿の知恵試験」を行ったドイツの心理学者ケーラーが示したのは、チンパンジーが天井からそのままでは手の届かないところにつるされたバナナを取るのに、いくつかの箱を重ねたり、棒をつないで長くして取ることを「考えつく」ことができるということでした（図１－１）。そこにも何らかの試行錯誤はありますが、それだけでなく、頭の中であらかじめ重ねて高くした箱のイメージや、つながって長くなった棒のイメージをつくりあげるという「洞察」がなされていることの証拠です。これを**「洞察学習」**といいます。

図1-1　チンパンジーの洞察学習（ケーラーの実験、1917）

ヒトがいちばん優れているわけではない

われわれヒトは、ミミズやカエルやクモのように、生まれてすぐにたった一人で自然界に放り出されて、生き抜くことができるでしょうか。確実に無理でしょう。しかし彼らにはそれがあたりまえのようにできます。そればかりではありません。彼らは年がら年中、水や食べ物や配偶者を得るためにあくせく働いているかというと必ずしもそうではなく、おなかがすいたりのどが渇いたりエッチをしたくなったり（これはわかりやすくするために擬人化して言っていますが、ヒトと同じような感覚を持っているかどうかはミミズやクモになってみないとわかりません）しても、自然界の中でじっと待っているか、一定の動きをしつづけていれば、かなり高い確率でたいてい目的にありつけるようにできているようです。もちろんその途中で熱いアスファルトの道を渡り切れずに干からびてしまうミミズや、ほかの捕食動物、あるいはいたずら好きの人間の子どもに殺されてしまうクモやカエル、配偶者に出会えないセミもいるでしょう。しかし一定数は次の世代を産むまで生き延びています。

ひるがえってヒトの営みを見てみると、特に現代日本の社会では、たいてい朝から晩まであくせく働かなければ生き延びることができません。子どもたちも朝から晩まで学校や塾に行かされています。貧困のために結婚もできず子どもが残せない人もたくさんいます。その状況も社会が変化すれば変わるかもしれませんが、生命を維持し繁殖するという視点で見たとき、ヒトがミミズと比べて「高等」であるとは、とても言えないことに気づくでしょう。すくなくともどちらが優れているかなどということは、簡単には言えません。要するに、どんな生物でも、それぞれの種《しゅ》が生きる環境の条件に適応した独特の生得的な行動パターンと学習パターンがあるのです。その独特の行動・学習パターンを用いて、その特定の環境で生き延びるのに必要な「知識」を学習する個体学習があるからこそ、一個体一人だけで生き延びられるのです。この話は「人間よおごるなかれ」「自然に対して謙虚になりなさい」という教訓を伝えたいのではありません。人間が、そして人間の一員である私が、何をして生きているのかを理解するうえで、動物との比較は新しい思考基準を提供してくれるという意味で重要なのです。

人間の個体学習

われわれヒトも他の動物の共通祖先から進化した生物であるがゆえに、やはり個体学習をする能力を持ち、使っています。

たとえばあなたが、本など持たずに手ぶらでトイレに入ったとしたら、あるいは学校に行く途中に人と話もせずに一人で歩いていたとしたら、その間に何か物思いにふけることはありませんか？　それはすでに個体学習です。もしあなたがギターやピアノのような楽器や、ラケットや竹刀のような道具を使うスポーツをしているとしたら、一人で繰り返し練習するということがあるでしょう。そのとき、楽器や道具がだんだん体になじむ感覚、それに合わせてそれらを自分の思うように少しずつ操れるようになる感覚を味わったことがあるはずです。道具がしばしば自分の意志を裏切ることがあります。そのときいろいろな試行錯誤や洞察をして、それをうまく扱おうと工夫したことでしょう。これも個体学習です。

いつも何か他人の書いたものを読んでいないと気が済まないとか、年がら年中、他人と一緒に過ごしているので、個体学習なんかしていないという人がいるかもしれません。確かに本の中の情報を得ようとしているときは、それを書いた著者である他者に依存しています。他者と一緒に話したり作業をするその瞬間は他者の影響を受けます。しかしそのような場面ですら、ふと自分の頭で「まてよ、それってこういうことかな」とか「いや、これは違うんじゃないか」と、自分自身で感じたり思ったり考えたりしていることでしょう。そのときにしているのは、まさに個体学習なのです。このように考えると、われわれヒトも、起きている間じゅう、けっこうな時間を個体学習に割《さ》いていることに気づくのではないでしょうか。

実は教育の重要性を説く以前に、個体学習というものがヒトにおいても極めて多くの学習を占め、その人の人生の中身を作るのに重要な役目を果たしていることに気づくことが、これからの話のうえで大事になってきます。なぜなら、どれだけ教育による学習や、その前にこれからお話しする観察学習や模倣学習が、ヒトにおいて重要で特殊だと説いたところで、結局、**本当に身になるのは、この「個体学習」による部分だけだからです。**ヒトは他人のようすを見てそれを真似して学習したり、教わって学習している最中ですら、完全に他者に操られているのではなく、意識するとしないとにかかわらず、自分なりの個体学習をしてしまっているのです。

大工さんのもっとも基本となる修業はカンナを研ぐことだそうです。昔から、大工のような徒弟《とてい》制では、親方や棟梁《とうりょう》は弟子に何も教えないといいます。「技《わざ》は盗め」ということもありますが、それ以上に「技は自分で体得しろ」だそうです。それは一人ひとり異なるクセがあるからです。そういうクセを持つ職人が、木にきちんとカンナをかけるときにどうしたらいいのかは、何年もの長い時間をかけて、自分自身の体で試行錯誤し、自分で考えて工夫して身につけるしかない。それをなまじ教えても、それはしょせん違うクセを持った他人の知識にすぎず、かえって自分にしかたどり着けないはずのカンナの研ぎ方の知識の習得の邪魔になってしまうことすらあるわけです。

あなたの個体学習のテーマは？

個体学習は孤独です。しかし、だからこそ、そこにあなたにしかない「あなたらしさ」があるといえます。そしてその中身は、本当の意味ではほかの誰にもわからないことなのです。

あなたは一人きりになったとき、何を考えたりしたりしていますか。

いつも音楽のこと、ダンスのこと、歴史や数学のこと、掃除をすること、料理を作ること、海賊になること（人気マンガ『ワンピース』の主人公ルフィのことです）など、特定のことについて、いわば「寝ても覚めても」考えてしまう人はいませんか。それをしている自分の姿を思い浮かべたり、達成したいことの完成形を想像したり、そのためのやり方を頭の中で工夫したり、おのずとわいてくる問題について考えをめぐらしたりしてしまう、そんな時期を過ごしたことはありませんか。

芸術やスポーツ、あるいは学問への関心では、その後その道で大成した人たちに、すでにそのようなテーマ性が幼少のころから強くあったことをほのめかす逸話がたくさんあるようです。たとえば子どものころから「なぜ1たす1は2なの？　粘土の塊《かたまり》1個と1個をいっしょにまるめたらやっぱり1個なのに」などと大人を困らす疑問を発し、学校から追い出されながら独学でいろいろな実験をしなければ気のすまなかった発明王エジソンの話や、いま天才の名をほしいままにする若き棋士《きし》、藤井聡太七段の平仮名より先に駒を覚え、指し手に熟考しすぎて側溝に落ちてしまったという逸話などがあります。こういう超有名な人たちの逸話でなくとも、この仕事にこの人ありといわれる職人や自分の身近で個性的な仕事で活躍する人の生《お》い立《た》ちを聞くと、子どものころにすでに強いこだわりがあったという話はよく聞きます。

しかし一方でこのように個体学習ができるテーマを若いときから明確に持つ人は、自分のことを振り返っても、また学生たちと話をしてみても、決して多くないように思われます。むしろ自分は無趣味だという学生が少なくないことに驚かされるくらいです。一時的に何かに関心が向くことはあるにはあるが、しばらくすると別のことに関心が移ってしまうという「飽きっぽい」人もいるでしょう。エジソンのように他人に迷惑をかけてしまうほどの知的好奇心、あるいは伝統的な芸術・芸能やスポーツ、学問など、もともと社会的評価を集めやすい領域での突出したこだわりでもなければ、それを人生のテーマとするほどの目立った個体学習の対象としては、自分も周りの人も、認識しづらいと思うのは無理もありません。

とはいえ、青年期から成人期にかけての職業興味の安定性を調べた研究（企業的・芸術的・社会的・研究的などといった興味の対象を何年かのスパンを空けて同じ人に繰り返したずねた研究）のメタ分析（そういう研究がたくさんあるのをまとめたもの）を見ると、比較的長期にわたって一人の人の関心というのは安定している傾向があるようです。ですから、どんなに移り気だとか、何にでも関心を持ってしまうといっても、この世の中にある無限といっていい対象となることがらを並べてみれば、やはり一定の関心の方向性、あるいは関心の濃淡はあるものなのです。

そしてそれが何であるかがある程度焦点化していれば、仮に趣味とか得意分野などとあからさまに言えないささやかなものと思っていたとしても、何らかの「テーマ」と呼んでよいような、おのずと個体学習をしてしまう対象を見つけ出せるのではないでしょうか。そして程度の差こそあれ、誰もがより現実的な形で、早晩何らかのテーマに直面させられ、そのテーマにそって取り組むべき課題や解決すべき問題に向き合わせられ、そのための知識と能力を学習することを余儀なくされることでしょう。

どんなに平凡を自任する、自称「何のとりえもない」人であっても、少なくとも他人とお金のからむ仕事をしなければならなくなると、何らかの形でそういったテーマに出会う機会が増えます。大きな災害や犯罪に巻き込まれるとか、ひどいいじめにあうことが、そのときだけにとどまらない、一生かけて取り組まねばならないあなたの生きるテーマの核になるかもしれません。子どものころから続く「片づけ」への関心が、便利な整理小箱のデザイン設計の仕事につながり１００円グッズのヒット商品になるかもしれませんし、世界中のごみ問題の解決のために国連で活躍することにつながるかもしれません。

そのようなときに、**人は否が応でも、自分にしか解けない問題を解くために個体学習に取り組まねばならないことになります。あなたはそのようなテーマに出会っていますか。**

そして、これは第二部でお話しすることの先取りになりますが、人は一人ひとり遺伝的にまったく異なる条件を持って生まれ、それが人の心に及ぼす影響は、環境の影響と同じくらい大きいことが、行動遺伝学によって示されます。関心の向け方、発揮する能力を人と比べたときの個人差、あることにどのように、どのくらいの興味と熱意と時間を費やして取り組むかには、大きな遺伝的差異があるのです。これも一人ひとり異なる個体学習を特徴づける重要な要因になっています。

社会学習――共同学習観察・模倣

また動物の学習に話を戻します。

ゾウリムシやミミズ、あるいはカエルやワニなどが、多くの時間を一個体で過ごし、もっぱら個体学習に依存して生きているのに対して、群れで生活する動物、すなわちヒトを含めた「社会的動物」たちが行っているのが社会学習、つまり他個体の影響を受けながら学習するという形の知識獲得の様式です。オオカミやライオンのように群れを成して狩りをする動物などはその典型です。これらは群れにリーダーがいて階層関係があります。

彼らは一個体ではできないことを群れを成すことで実現させる場合があります。いくら百獣の王といわれるライオンでも、一匹だけでは自分より体も大きく力も強いキリンを倒すことはむずかしいので、群れになって協力し合いながらキリンを追い込み、一斉にとびかかって仕留めます（ちなみにたてがみをなびかせる〝ライオン・キング〟はオスですが、ライオンで狩りをするのは実はメスのほうです）。

彼らはどのようにしてこのような協力による狩りの仕方を学習するのでしょうか。戦場での軍隊の配置や攻撃の仕方や、マーチングバンドやシンクロナイズド・スイミングのように、フォーメーションの組み方やとびかかるときの作戦をあらかじめ指揮官や先生になる存在が決めて指導して、みんなに学習させたとは考えられませんね。目まぐるしく変わる状況下で獲物を追いつめるため、リーダーのライオンが、目くばせしたり、人間にはわからない特別なサインで「お前はあっちへ回り込んで行く手をふさげ、お前は後ろからとびかかれ、そしたら私が急所を攻めて仕留める」と「指示」を出しながら、互いに協力しているとも考えられません。おそらくすでに狩りの成功体験のある群れたちと一緒になり、他個体との距離や、獲物にとびかかるときの他個体とのタイミングを、ちょうどオペラント条件づけの形で試行錯誤することを何度か繰り返す中で、特定の条件のときに成功し、それを記憶していると考えられます。それによって一個体でできないことを、結果的に共同で成し遂げることを学習したのです。これを「共同学習」と名づけましょう。

人間も、たとえば一緒に荷物を運ぶなど、同じ作業を共同で進めるとき、マニュアルもなければリーダーもいない状況で「さあ、こうやって協力し合おう」などと言わなくとも、おのずと受け持つ役割が分かれたり、タイミングを合わせるコツが共鳴したりして、自然と協力し合うことになっていたという経験はありませんか。それが共同学習のイメージ、他個体がいることで初めて成り立つ社会学習の大きなひとつの様式です。

模倣学習

一方、同じ社会学習の中で、明らかに他個体の模倣として知られるのは鳥の鳴き声です。特に美しい鳴き声で古くから愛玩されているキンカチョウやジュウシマツなどの鳴禽類《めいきんるい》の鳴き声の学習は、小西正一、岡ノ谷一夫、小島哲といった優れた日本人の研究者が、さまざまな実験を工夫して、ずいぶん細かなことがわかっています。これらの鳥は、モデルになる鳴き声と自分の出す鳴き声を比較して、より美しい（異性を惹きつけられる）鳴き声のパターンになるように、オペラント条件づけによる学習をしているのだそうです。そのとき大脳皮質と大脳基底核、そして視床がネットワークを作って働いているという脳内メカニズムまでつきとめられています。

マネといえば、「猿真似」が得意といわれるおサルさんたちはどうでしょうか。特にここで興味深いのは彼らの道具使用です。

野生チンパンジーの群れは、住んでいる地域ごとに異なる道具の文化があります。よく知られているのはアリ釣りで、アフリカのゴンベというところでは葉をむしり取ったツルを木の穴に差し込んで白アリを、またボッソウでは硬い木の枝を地面の穴に突っ込んでサファリアリを釣りあげて食べます。アリは貴重なタンパク源です。この行動は世代を超えて伝搬されていることが知られています。穴に細長いものを差し込んで、それに食いついてきたアリを引き出して食べるという行動は同じですが、この二つの地域は4000㎞ほど離れており、この手続き的知識が一方から他方へ学習によって伝搬されたとは考えられません。地域ごとに異なり、その地域の中で世代を超えて伝搬される行動様式や作り上げられるものをまとめて「文化」というなら、チンパンジーには文化があるといえるでしょう。ここで文化が「伝搬」するというと、なんだかモノが手から手に渡されるように伝わっていくようなイメージですが、実際には上の世代の個体たちの行っていたその特定の行動が、下の世代の個体たちによって同じように学ばれているということです。こうした行動はどのように学習されたのでしょうか。

チンパンジーの学習

そのことを野生のチンパンジーではなく、観察や実験をすることのできる研究所で育った親子の間で見たのが京都大学霊長類研究所の研究です。特に文字や数字を覚えた天才チンパンジーとして知られるアイとその息子アユムの研究は有名です。アイは1歳のときに連れてこられてから、ヒトが行うのと似たさまざまな文字や数字の知識についての学習をしてきました。例えばスクリーンにランダムに配置された数字を、1から順に小さいほうからタッチしてゆくことができます。数字の順番を覚えているのです。しかもそのスクリーン上の数字がわずか0・7秒だけ提示されてすぐに目の前から消えてしまっても、その位置を覚えていてやはり小さい数値から、そのもとあった場所を正確にタッチしてゆくことができます。これはヒトでもできないほどの能力です。この実験では、アイがその課題に成功すると、ピーナツや干しブドウが報酬（強化子）として出てきます。先に述べたオペラント条件づけですが、さらにその強化子をコインにして、そのコインを「自動販売機」に入れるとピーナツや干しブドウを選べるようにさせると、やがてそのコインの使い方まで学習します。

アイのそうした行動を赤ちゃんのときから見て育った息子のアユムも、やがてお母さんと一緒に同じことをやりだします。はじめはうまくいきませんが、数ヵ月するうちに学習し、やがて大人をしのぐ能力を身につけます。それは一見、親の行動を子どもが模倣している、あるいはさらに親が子どもに手本を示して「教育」しているようにすら見えます。

しかしチンパンジーの学習は、ヒトが他人のフリを見て真似るのとは違います。野生チンパンジーがする木の実割り行動の学習を見てみましょう。彼らはアブラヤシのような硬い木の実を石の上に載せ、もう一つの石でたたき割って中味を取り出して食べる行動を学習し伝搬させています。さほど難しくなさそうなこの行動も、小さな釘をハンマーで木にまっすぐ打ち込むのに苦労した経験のある方なら、なかなか大変な動作であることに気がつくでしょう。野生のチンパンジーは群れを成して木の実割りをしており、木の実をまだ割れない小さな子どももその中に入って、みんなが割っている様子を興味深げに眺め、ときどき出てきた木の実の中味を親やきょうだいから横取りします。そのうち（これも、何ヵ月もするうち、という意味ですが）自分も石を持ち上げてそれを下に落とそうとしたり、木の実を拾って石の上に載せたりしはじめます。子どもが最終的に自分で木の実を割れるようになるには3年も4年もかかるそうです。それだけの時間、飽きることなく続けられ、少しずつ木の実割りの行動が形成されていくのです。

エミュレーションとイミテーション

その様子を見てみると、チンパンジーはいわゆる木の実割りの「手順」を模倣しているようには見えません。硬い木の実の中に食べられるものがあることはわかっていますが、あるチンパンジーは台になる石に木の実を載せてそれを踏んづけてみる、また別のチンパンジーはただ上から石を落としたり地面にたたきつけたりする、仲間たちの行動の一部分は模倣しているようですが、それらを組み合わせて一連の手順として木の実を割るということは「理解」していないようなのです。

これが人間の場合だと、釘を手に取って木に当ててかまえ、そしてねらいをつけて上からハンマーを打ち下ろすという、その一連の動作をセットで真似しようとするでしょう。それぞれがぎこちなく、ねらいどころをはずして打ちそこねて手にあたって痛い思いをすることはあるにしても、釘を手でねじ込もうとしたり、釘を持たずにひたすらハンマーを振り下ろすだけの動作を延々と続けるとは考えられません。人間が他人の行動を真似て何かしようとするとき、私たちはそれを「どのような意図を持ってどうやってやるか」よく見て理解して真似ます。やり方、手順、プロセスを真似るのです。しかしチンパンジーはその行動がもたらす結果を再現しようとはするのですが、やることの意図を察知し、途中のプロセスを追いかけて真似るということができていないようなのです。

この違いを**エミュレーション**（**結果模倣**）と**イミテーション**（**意図模倣**）といって区別しています。チンパンジーがしているのはエミュレーションであるのに対して、人間はイミテーションをしているのです。

エミュレーションですから、木の実を割って中味を食べるという行動さえ最終的に再現されればいいので、使われる台石の置き方や、ハンマーとなる石の振り下ろし方などは、個体個体でさまざまです。とてもほかの個体がやっていることを真似しているとは言えません。むしろ個々の動作を組み合わせて一連の手順に仕上げるのは、個体学習、つまり自分自身の試行錯誤や洞察によってなしているようです。これが「サルは猿真似しない」と言われるゆえんです。意図を理解し手順まで忠実に真似る「猿真似」ができるのは、実は人間だけなのです。

人間の猿真似好き

人間の猿真似好きは常軌を逸しているほどです。たとえば1歳になったばかりの幼児の前で、手で触ると点灯するランプを、わざと頭で触ってつけて見せます。ちょっと面白い動作なので、幼児は喜んでそれを見てくれます。1週間後、こんどは幼児の目の前にそのランプを置いてあげると、その子はその同じ動作をして、頭でランプをつけようとします。ただランプをつけようとする意図を実現すればいいのなら手で触ればいいのに、わざわざ意味もない頭でつけるという動作を真似するのです（図1-2A）。これと同じ実験をチンパンジーでやると、そんなバカなことはせず、手でつけようとします。これだけ見るとむしろチンパンジーのほうが賢く見えます。人間は意味も考えず、本当に一連の動作をそのまま猿真似をしてしまうのです（これをオーバー・イミテーションと言います）。私たちが往々にして、意味を深く考えることなく、とにかくみんながやっているからというだけの理由で、マニュアルに従って無駄な行動、不合理な行動をしてしまうことがあるのも、こうしたオーバー・イミテーションをしてしまう性質を持っているからかもしれません。

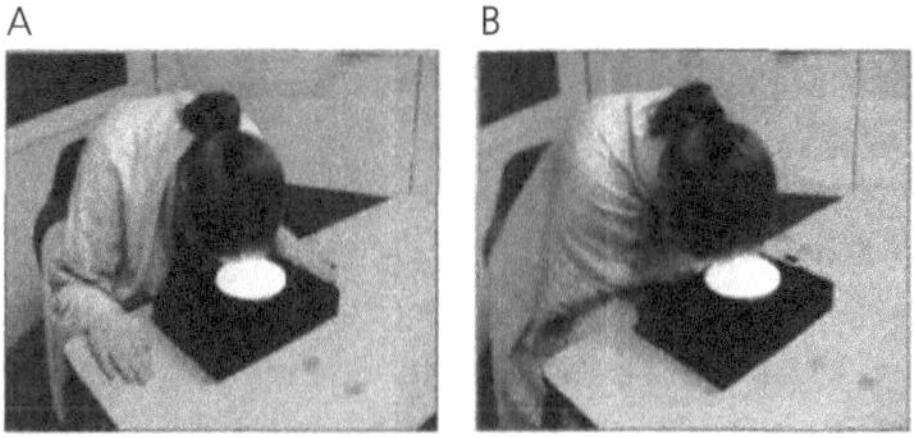

図1-2　オーバー・イミテーション
（Gergely, G. & Csibra, G., 2005）

　では人間の幼児は、本当に意味もわからず頭でランプをつけるという動作を真似していたのでしょうか。実はこの実験で、あえて両手を縛って自由がきかない姿でランプを頭でつける様子を見せると（図1－2B）、そのあと子どもはちゃんと手でランプをつけることができます。そのとき子どもは、「手が自由に使えないから、ランプをつけるという〝意図〟を実現するため、しかたなく頭を使った」ということを理解していたことがわかります。なので、自分がやるときは、ランプをつけるという本来の「意図」を実現しようとするわけです。チンパンジーはあくまでもランプをつけるという結果を再現するエミュレーションをしたのに対して、人間はランプをつけるという意図に加えて、手が自由に使えてもわざわざランプを頭でつけるという行為に、わからないけど何か意図があると思って、その手順をイミテーションしたというわけです。

人間の模倣学習

人間の模倣学習にいち早く着目したのはアルバート・バンデューラというカナダの心理学者でした。彼はオペラント条件づけ理論に基づく学習研究が盛んだった1960年代から、人間の場合、直接強化子（報酬・罰）を与えなくとも、他人の行動を観察しているだけで学習が成立することに注目し、社会的学習理論を唱えました。たとえば大人が人形相手に叩いたり投げ飛ばしたりと乱暴な行為をしている様子をビデオで見せられると、それだけで同じように人形に対する乱暴な行動を真似してしまいます。これをモデリングと呼びました。モデリングは、特にモデルが学習者にとって重要な人物だったり魅力的な人物だと、起こりやすいなどといったことが実験で証明されました。

このように同じ「真似る」という学習にもいろいろな種類があることがわかります。そしてヒトの観察学習や模倣学習は独特だと言えるでしょう。**人間は教育による学習をする以前に、観察学習や模倣学習の王様なのです。**たとえば「空気を読む」というのは、その場に居合わせた人々が心に抱いているであろう価値観やふさわしい言動をあらかじめ察して、それを模倣してふるまうことができることを意味します。そしてそれができないとKY（空気を読めない）と呼ばれて、密かに批判の対象にされるのです。私たちが読んでいる「空気」は、単にいまここにいる仲間の中の空気だけでなく、社会の空気、時代の空気、世界の空気など、さまざまなレベルに広がっています。

日本人はなぜ勤勉で礼儀正しいと外国人から言われるのでしょう。勤勉さや礼儀作法を家庭や学校で意図的にしつけられることももちろんその理由でしょうが、学校でいくら訓練されても、一歩学校の外に出ると、大人たちがみんな怠けていたり、乱暴なふるまいをしていたら、そうした態度は身につきません。それはふだん自分が使っている駅やお店で働いている人たちが、総じて勤勉で礼儀正しくふるまっているのを、意識するとしないとにかかわらず観察させられており、その結果おのずと模倣してしまっているからだと考えられます。私たちが社会の中で、いろんな人たちと関わりながら生きていかざるを得ない限り、そのような観察学習・模倣学習を、知らず知らずのうちにしてしまっていると言ってよいでしょう。

もしあなたが音楽でもスポーツでもボランティアでも、何らかの個体学習のテーマを持っていたとしたら、世の中で人々がしている様子を、そのテーマに即して切り取って、観察をし、模倣していることでしょう。俳句や詩に関心のある人なら、電車の中でちょっと耳に挟んだ気の利いた表現に敏感に反応するでしょう。優れた俳優さんが、いろんな役柄を存在感を持って演じられるのも、日ごろの人間観察の賜物です。

教育学習の出現

共同学習や観察学習、模倣学習は、確かに学習の手掛かりは他個体の行動にあるという意味で社会的です。しかしここで注意しなければならないのは、それを行っているのは学習する個体自らであり、その意味では個体学習だということです。つまり共同学習も観察・模倣学習も、社会的状況の中でなされている個体学習なのです。チンパンジーの大人と子どもが、木の実割りやコンピュータのゲームを一緒にしている場面は、一見大人が子どもに自分の姿を「見せて」教えているように見えることもありますが、それがもし人間だったらと考えたとき、決定的な違いに気づかされます。

もしいま目の前で、3歳の子どもが不器用そうにパジャマに着替えようとして、うまくボタンがはめられず四苦八苦していたら、たいがいの大人はボタンのとめ方を口で説明したり、手本を示したりして教えてあげるでしょう。あとちょっと、というところまでできているならともかく、ボタンの仕組みもよくわからないまま、ただやみくもに試行錯誤しているだけだとしたら、たいていの大人は教えてあげたくなるものです。3年も4年もボタンをはめられないまま放置しているとしたら、それはもうネグレクト（虐待）です。しかしチンパンジーの大人たちに子どもを教え導くようなそぶりはまったく見られません。

そう、チンパンジーには「教える」という能力がないのです。自分のまわりに子どもがまとわりつくことは許しますが、ひたすら自分のために木の実を割り続けているのであって、子どもがうまくなるために、積極的に手本を示してあげたり、間違いを直してあげるというような教える意志や行動がまったく見られないのです。

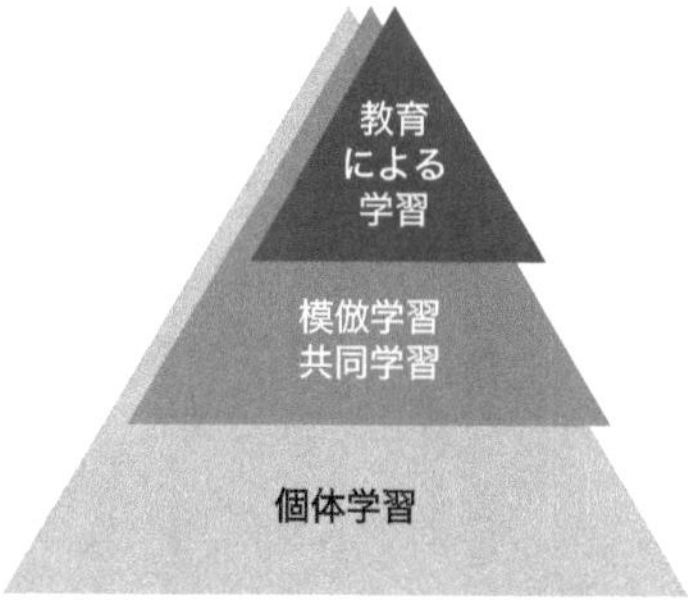

図1-3　学習の構造

誰かの行動を見て、イミテーションにせよエミュレーションにせよ、模倣学習によって学ぶことは「教育」といえるでしょうか。確かに先生が子どもに真似させようと手本を見せることはよくあります。模倣する能力を利用しての教育です。そこには教えよう、学習させようという意図があり、わざわざ手本としてふるまいます。また学習者側でも、教師の意図を察して、それを模倣しようという意図が働きます。こうなれば確かに教育でしょう。

それではアイとアユムの間に、真似させて教えよう、お母さんの教えようとする意図に応えて真似ようとしているかというと、まったくその気配はありません。すぐれたエミュレーションの能力を持ちながら、その能力を用いて、他個体が別の個体に何かを学習させようと手本になることはないのです。チンパンジーのエミュレーションによる模倣学習を「背中を見せる教育」などと表現することがありますが、実のところ教育とは似て非なるものです。

人間にとって「教育」とは何か

さあ、いよいよこの本の核心に入ってきました。ここでいう「教育」とは何なのでしょうか。

「教育とは何か」については、学者によって十人十色《じゅうにんといろ》、いろいろな定義がなされています。辞書を引くと「教え育てること」などと書いてあることがありますが、これは「教育」を同じ言葉で言い換えただけ、いわゆるトートロジー（同義反復）で、定義とは言えません。問題は「教えること」「育てること」とはどういうことかということです。

よく言われるのは「人格形成をすること」で、そこには優れた人、望ましい人になるための知識や技能を身につけさせるよう働きかけることといった意味が込められています。

では「オレオレ詐欺」のやり方を仲間に教えるのは教育と言えるか、震災や大切な人の死から命の尊さを学んだとしたら、確かに人格が高まりますが、ならばそれを「教育」と呼んでいいのか。こうなると価値観や立場の違いでどうとでもなり、科学的定義になりそうもありません。

しかもいまあげた「定義」は、どれも人間に当てはめて考えることはできても、人間以外の動物に当てはめることはできそうもありません。教育学ではずっと、教育は人間にしかないものと考えられてきたので、それでよかったのでしょう。有名な哲学者エマニュエル・カントの『教育学講義』（1803）に、「人間は教育されねばならない唯一の被造物である」という有名な一句があります。それは人間がほかの動物にはない理性を持ち、それによって陶冶《とうや》されなければならないと考えたからでした。

ちなみにカントはこの本で、唯一の例外として鳥の鳴き声の学習をあげていました。どうやら自分で実験もしていたようです。しかしこれは先に述べたように模倣学習であり、社会学習ではあるが、子どもがただ一方的に真似ているだけの個体学習でした。動物でも模倣学習が成り立っていれば、それは「教育」と言ってしまっていいのか。カントほどの哲学者も、当時そこまでは深く吟味していなかったようです。動物の行動の由来を、人間も含めた連続体として科学的に吟味するようになったのはそれよりもあと、少なくともダーウィンの『種の起源』（1859）、あるいは彼の『人及び動物の表情について』（1872）

以降のことです。

さらに余談になりますが、カントがドイツのケーニヒスベルク大学で就いていた地位を、はるか後、20世紀になって受け継いだのが、動物の本能行動の研究でノーベル生理学・医学賞を受賞したコンラート・ローレンツ（1903〜1989）でした。動物の行動も、形態と同様に進化的に形成されたものであることを示したローレンツは、まさにカントの立てた「人間の精神はいかに形成されるか」という問題を、今日的な意味で科学的に解明するための扉を開いた、その地位を継承するにふさわしい人物だったのです。カントは教育の有無によって人間と動物の間に壁を設けるような言い方をしましたが、ローレンツは人間もほかの動物と同じように進化的に作られたというダーウィンの理論を、人間の行動や精神にまで適用できることを示し、その壁を取り崩してくれたのです。

カロとハウザーの定義

この本でも、教育を人間だけに特別な営みとは考えず、動物にもあるかもしれないと仮定し、もしあったとしたら動物にも当てはめることのできる定義を用いてみたいと思います。それがカロとハウザーという二人の動物行動学者の挙げた「**積極的教示行動**」の定義です。それは次の三つの条件を満たす行動とされます。

①ある個体Aが経験の少ない観察者Bがいるときにのみ、その行動を修正する。
②Aはコストを払う、あるいは直接の利益を被《こうむ》らない。
③Aの行動の結果、そうしなかったときと比べてBは知識や技能をより早く、あるいはより効率的に獲得する。あるいはそうしなければまったく学習が生じない。

なんだか難しい言い方ですね。ここでは個体Aが教師役、個体Bが生徒役にあたります。要するに教師役の個体Aが、自分のためだけにならばやらない特別な行動を、自分のメリットには直接ならないにもかかわらず、わざわざ未熟な他者（個体B）の学習（知識獲得）のために行い、それによって個体Bの学習が成立するとき、その行動を教育と定義しているのです。

まどろっこしい言い方ですが、ここには「教える」ということばも「育てる」ということばも登場していないのがポイントです。むしろ「教える」とは、どういう行動をすることか、「育てる」とはどういう現象が生じることなのかを、具体的に目に見える行動レベルの有無によって定義しています。これを「操作的定義」と言います。つまりその定義にあてはまるかあてはまらないかを、具体的な手続きや操作の有無によって確認することができるような、そういう定義です。目に見えない心の状態を扱う心理学では、とりわけこの操作的定義がしっかりしているかどうかが重要になります。

教育の定義として、しばしば「他者に学習させようとする意図を持って働きかけること」があげられます。体罰として、言うことを聞かない子を痛い目にあわせることは教育と言えるかという議論のとき、それを与えた親や教師が、ただ腹いせ（つまり自分のため）にしたのか、それとも子どもに学んでもらうためにあえてしたのかが問われるわけです。しかし目に見えない「意図」で判断するのは容易ではありません。そして動物の「意図」となると、これはもう、わからないとしか言いようがありません。しかしカロとハウザーの定義であれば、「意図」の有無も問題になりません。というか、教育する意図を持つか持たないかにかかわらず、この3条件を満たす状況があれば、それは教育と呼んでよい、教育か体罰かわからないときに、後からその意図を本人にたずねるというものではないのです。体罰の場合は、それをした人の得になります（自分のイライラがおさまる、子どもを閉じ込めることで親が自分の好きなことができる、など）。しかし教育ならば教えた者の直接の得にはならず、学習者が何かを学びます。

もちろん教えようとする人の意図は、人間の教育では決定的に重要で、学ぶ側も教える人の意図をどのように理解するかが学習のあり方に大きな影響を及ぼします。しかし同時に教えようという「意図」の有無にかかわらず、人間はいろいろなときにいろいろなモードで教育をしてしまうこともある。そのために、逆に教師は教育しようという「意図」を持ちながら、それを受け止める子ども側には学習が生じず、教育と呼べない場合も出てくるのです。

互恵的利他主義としての教育

もう一度、カロとハウザーによる3条件について考えてみましょう。第一条件は、他者の学習のために「わざわざ」やるということ、第二条件は、それが教える側自身にとっては直接のご利益がないこと、そして第三条件は、学習が本当に成り立っているということです。

この定義で特に重要なのは2番目、つまり教師は自分の直接の得にならない行動をするということでしょう。これは教育という行動が、利他的な行動だということを意味します。利他性、つまり自分を犠牲にして他人のために何かすることなんて、すごく高度な道徳心を持っていなければできないことで、それは人間でもなかなかむずかしいこと、ましてや獰猛《どうもう》な野生の動物がそんな殊勝な心を持っているなんて信じられないと思われるかもしれません。

そう思っていらっしゃる方は、ここで認識を百八十度転換していただかねばなりません。**利他性、あるいは利他的行動は動物界、特に霊長類に広く行き渡った重要な生物学的特質**

であることが、近年の膨大な研究で明らかになってきているのです。

まずよく見られるのは血縁者を助ける行動です。親は子どもにお乳やエサを与えます。これはすでに親が自分以外の他者のために、自分の取り分を犠牲にして子どもにとっての利益を与えるのですから、利他性です。生物の最も重要で最も基本的な特徴は、遺伝子を複製して次の世代を作ることとです。遺伝子は本来、利己的であり、自分自身をできるだけたくさん複製しようとします（もちろん遺伝子に心があるわけではないので、複製「しようとする」意志を持っているわけではありません。そういうメカニズムが認められるということです。専門的には「包括適応度」が高まるといいます）。進化も基本的には遺伝子複製のメカニズムから生まれた変異が広がったものと考えられます。自分の子どもとは自分の遺伝子を複製したものですから、自分の子どもに利他的にふるまうのは、遺伝子の視点から見ればあくまでも利己的な営みであり、ある意味であたりまえと言えるでしょう。

このようにある行動が、自分自身ではなく、遺伝子を共有する血縁者の生存と繁殖を助けることによって、その遺伝子を生き残らせるようなメカニズムがあって進化したと考えられるとき、それを「血縁淘汰」と呼びます。親がしばしば自分を犠牲にしてまで子どもの教育に投資し、不正すら犯してしまうことがあるのは、血縁淘汰から生まれた心の機能が働いてしまったせいかもしれません。

不思議なのは自分の遺伝子を受け継いでもいない赤の他人（他個体）をも助けようとすることです。ホームから転落した人を助けようとして命を落とした人の話などがその最たるものでしょう。よくあげられる動物の例は、中南米の洞窟に生息するチスイコウモリの血液の分け与えです。たくさんの血をすった個体が、血をすえなかった個体にそれを分け与えるという利他行動が報告されています。彼らは互いに個体識別できているようで、そういう親切な個体は、別の機会にお返しをもらえる確率が高いそうです。チンパンジーのような霊長類では、血のつながっていない個体の毛づくろいをしてあげたり、移動を助けたり、食べ物を分け与えたりする様子が観察されています。このように血縁者でもない個体に対する利他性を**「互恵的利他主義」**と呼びます。

知識をわざわざ他者に学習してもらおうと手助けする教育という行動も、やはりこの互恵的利他主義によると考えられます。ヒトは赤の他人から道をたずねられたり、面白いことを新しく知ったとき、見返りを期待することなく、それを教えようとするでしょう。それが互恵的利他主義です。学校の先生は給料をもらって教える仕事をしていますから、そこだけみれば決して互恵的利他主義とは呼べないと思うかもしれませんが、それは職業制度の中に教師の仕事が組み込まれたからそうなのであって、学校のない時代、ないところでも、人間は遊び方や仕事の仕方、興味深い話などを、互いに教えあっていたはずです。

それがカロとハウザーの教育の定義の2番目に相当すると考えられるのです。

教育する動物

この定義を使ったとき、教育をする動物はいたのでしょうか。実は彼らがこの定義を発表したとき、人間以外にはこの定義を満たす動物はみつかっていませんでした。鳥の鳴き声は、モデルとなる大人が、子どものいないときでも、求愛行動として行っているものなので、条件1と2を満たしません。ネコがネズミを捕る行動を子ネコが学ぶのも、チンパンジーの木の実割りも、大人が自分自身のためにやっている行動を、いっしょにいる子どもが居合わせることによって自ずと成立する学習であることがわかります。これらはやはり観察学習、あるいは模倣学習なのです。

ところが21世紀に入り、２００６年にミーアキャットがカロとハウザーの定義を満たす「教育」行動を行っていることが発見され、権威ある科学誌「サイエンス」に掲載され話題になりました。

ミーアキャットが教育する？　そう、サソリを捕えて食べるワザを教育するのです。乾燥しがちなサバンナに住むミーアキャットは、乾季になるとサソリしか食糧源がなくなります。ですから生まれて間もない子どもは、乾季に入る前に、毒針で攻撃を仕掛けてくるサソリを食べる技術を習得しないと生き延びることができません。ちなみにミーアキャットはサソリの毒には免疫があるので、刺されても死ぬことはありませんが、それにしても刺されれば痛いし、あの形からいっても食べやすい獲物とはいえません。ここで、自分の親ではない仲間の大人が、教師役になります。その大人は、はじめのうちは大人自らが仕留めて動けなくなったサソリを子どもの口元に運んであげます。サソリが食べられること、またしっぽ側からではなく頭から食べたほうが食べやすいことを、そのような扱いやすいサソリでまずは学習させます。それができるようになると、次は半殺しにされて弱ったサソリを運びます。まだ動くサソリ相手に、それをちゃんと口の中にいれて食べる「訓練」をさせるのです。そして最後に生きたままのサソリを与え、実戦のワザを習得させるのです。子どもの学習レベルは、子どもの発する鳴き声の高さでわかるのだそうです。

このプロセスは、大人にとっては、自分一人ではやらない行動を子どものミーアキャットがいるときに特別にするということで、カロとハウザーの第一条件を満たし、自分がサソリを食べるわけでもなければ、天敵がさまようサバンナという環境でそんなことをするのは命の危険も伴うという、リスクこそあれメリットのない行動をわざわざするという意味で第二条件を満たし、それによって子どものミーアキャットが自力でサソリを捕獲する能力を獲得するということで、第三条件にも合致《がっち》します。

ミーアキャットに教育行動が見つかった同じ年に、今度はフランクスたちが、タンデム・ランニングアリといわれる前後に二輪車のように連なって動くアリの一種に、また2008年にはライハニたちによりシロクロヤブチメドリに教育行動が報告しています。ミーアキャットの教育すら信じにくいのに、アリが教育するとは。これはミーアキャットのように食べにくいエサを仕留めるテクニックを訓練するのとはかなり違います。

たいていのアリはエサを見つけたアリがそちらに向かうときに発するフェロモンのにおいに導かれて、エサのありかにたどり着きます。どのアリもほかの仲間にエサのありかを「教えよう」とはしていません。が、自分が行けば、おのずとほかのアリたちにも道がわかる仕組みになっているのです。ところがこの教育アリはそうではなく、自分のうしろをついてくるアリが途中で迷うと、ちゃんと待っていて、また自分のあとにくっつくまでじっとしていてくれるのです。もちろん自分一人でエサのところに行くときにはこんなことをする必要はありません。そんなことをすればなかなかエサにたどり着けませんし、自分の取り分も減ってしまいます。にもかかわらずこのアリはこうして、うしろをついてくる別の個体にエサのありかを「教えて」いるのです。

教育にはコストがかかる

実のところ、人間以外の動物で、他個体に何かを教えているのがきちんと実証的なデータに基づいて確認されたのは、いまのところこの3種だけです。それ以外にも似たようなことをしている動物はいそうですが、どれも未熟な個体がいなくても自分一人でやっていることを模倣しているだけに過ぎないようです。ちょっと考えると、教育によって生きるのに必要な知識を子どもや仲間に学習させることができれば効率的だと思われます。ですから、もっといろんな動物たちが教育という方法で知識を伝達させていても不思議ではありません。ところが、人間に進化的にも脳構造的にもいちばん近いチンパンジーですら、教育はしていないのです。これはたとえ記憶力とか洞察力といった知能があったからといって、それが直ちに教育という方法に結びついてはいかないことを意味します。

教育は、生物にとって想像以上にコストがかかる営みなのです。どんな動物も自分が生きるのに精一杯で、未熟な自分の子どものエサや安全のためならともかく、わざわざ血縁関係にない他個体のために何かを教えるなどという余計な機能を持つ行動を生み出す脳の仕組みは、進化の過程ではなかなか起こりにくかったようです。そのコストのかかる教育というストラテジーを、われわれ人間は、むしろあたりまえのように使うことができます。しかもエサのとり方だけではなく、駅へ行く「道」から、人として生きる「道」まで、ありとあらゆる知識を学ぶために、教育という手段が使われており、人間どうしで、教えるための特別な行動をわざわざコストをかけてやっている。これは学習様式の進化という点では、実に不可思議であり、生物学的にはむしろ奇跡がおこったのではないかと思われるほどです。

長い人類史を追ってみても、「学校」という組織的な教育の仕組みが成立し、人々にあまねく普及したのは近代の18世紀になってからでした。これも教育という形での学習の仕方が、実のところそう簡単に成立しうるものではないことを示唆しているように思われます。一見、当然のように教育による学習が成り立ち、いわば安易に学校や教育システムを設計して、教育産業という商売にまで結びつけるのがあたりまえになった昨今ですが、**教育による学習というものは、生物学的に見るとなかなか成り立ちにくいのではないのかと疑うことは、重要な視点ではないかと思います。**こんにちの学校では、勉強ができないというだけで批判の対象になります。しかしそもそも教育が成り立つことがあたりまえ、うまくいかなければ学習者や教師に問題と責任があるという考え方の根拠は、と問うと、必ずしも妥当であるかどうか疑わしくなります。

学校という素晴らしくもありがた迷惑な装置を人類が発明したのも、定期試験や入学試験などという嫌なことをみんなが経験しなければならないのも、ひとえに教育ができるという進化的に特異な能力をヒトが獲得してしまったからにほかなりません。いったいこの能力はどのようにして身についたのでしょう。それを知ることは、とりもなおさずヒトという動物が、ほかの動物とどのように異なるのかを理解するカギになります。と同時に、学習欲・知識欲という生きるための第三の欲がどのように満たされるのか、そしてほかでもないあなたが生きていくうえで、教育という学習方法をどのように使っていくことが生物学的に自然なのかを考える際に、重要なヒントを与えてくれることになります。

第2章　人間は教育する動物である

第1章では、教育の生物学的な定義を紹介し、それをふまえて教育による学習が進化的にみていかに特別だったかについてお話ししてきました。

第2章では、**ヒトが教育をする動物であるということが、ヒトをヒトたらしめるきわめて重要な条件に密接に絡んでいる**ことをお話ししていきます。

1　教育によって学ぶ本能

赤ちゃんと教育

あなたはいつから教育を受けてきたでしょう。幼児教室に通いだした3歳のとき？　それとも、トイレや着替えをしつけてもらうようになった2歳のころでしょうか。

最近の研究では、実はもっと前から、大人が赤ちゃんに向かって発する何気ない働きかけの中に、すでに「教育」が忍び込んでいることがわかってきています。といってもそれは子どもが胎内にいるときから胎教したり、生まれて間もない子どもに、いろいろ言って聞かせるというのとは違います。そこでも親は確かに何かを「教育」しようという意図を持って働きかけをしていますが、子どもがそれに応えて学んでいるという確かな証拠がありません。実験で示されたのは、そうではなく、大人の働きかけに対して6ヵ月の乳児がきちんと反応して学習しようとしているということでした。

それは日本の若手研究者である千住淳がハンガリーの心理学者チブラといっしょに行ったこんな実験です。実験者である大人が赤ちゃんにむかって視線を向けたり、「はぁい」と子ども向けの高くかわいらしい声色《こわいろ》（マザリーズといいます）で声掛けしてからある対象の方向を見ます。すると、そうしないで赤ちゃんの目の前で同じようにある対象を見たときよりも、視線追従、つまり相手の視線を追っかけて、その対象をいっしょに見ようとする頻度が高くなるのです。

この視線追従はヒトが他人と関心を共有し、気持ちや情報を伝え合ううえで重要な行動で、ヒトの場合、だいたい9ヵ月ぐらいからそれができるようになることが知られています。そのころの赤ちゃんは視線追従だけでなく、ほしいものや興味深いものを指さして、お母さんなどにそのことを伝えようとしたり、他人の指さしする先を見ようとするという「共同注意」が始まります。それまでお腹がすいたら泣く、うんちがしたくなっても泣く、ガラガラを振れば笑う、見つめたり微笑みかければ笑うという単純な反応しか示さなかった赤ちゃんが、他人との意思疎通を開始する能力を発揮する極めて重要な行動の出現ということで、これを「9ヵ月革命」と呼ぶくらいです。それまで「自分とモノ」、「自分と他人」という2項関係だったものが、「自分と他人とモノ」との3項関係を取ることができるようになった証です。

視線追従や共同注意ができるということ、つまり3項関係が成立することが、どれほど重要かを理解するために、同じことをイヌやネコができると想像してみてください。あなたが何か面白そうなものを見つけて、それを見つめていると、あなたの飼っているイヌやネコもいっしょにそっちの方を向くとしたら？　それもただ同じ方向を見て、「なるほど、これのことだったのね」と確認するかのように、再びあなたの顔を見つめ直したとしたら。これをかわいいと思うか怖いと思うかは別として、ネコやイヌたちに対し、あなたの「心」が理解できていると感じるでしょう。そして意思疎通ができると信じられるに違いありません。しかしながら、どんなに賢いイヌやネコでも、こういうことはできません。チンパンジーですら、それはほとんどできていないようです。ところがヒトという動物は、あたりまえのように、そうすることをわざわざ親から訓練されることもなく、おのずとできるようになっているのです。

共同注意は意思疎通の基本であり、それはとりもなおさず教育の基本です。なぜなら、教育が成り立つためには、先生が教えたいと思って注意を向けた黒板の板書や教科書の内容など、「教材」の内容に、生徒も注意を向ける、先生―教材―生徒の間の3項関係が共同注意によって成り立つ必要があるからです。

ナチュラル・ペダゴジー（自然の教育）

それでは逆にこの3項関係が成り立てば教育は成り立つのでしょうか。とすれば、9ヵ月革命のころからそれは可能になるはずです。しかしそんな小さいころに、何か言って聞かせようとしてうまくいくような気はしないでしょう。やはり言葉がわかる2歳くらいにならないと、大人は子どもにものを教えることはできないのでしょうか。

言って聞かせること、ことばで伝えることが理解できるようになることを教育というなら、教育が始まるのは子どもがことばを使い始める2歳くらいということになります。しかし実は、言葉を話し始める前から、子どもは「教育」によって学んでいる、しかもそれは大人の側では「教育」などと思っていない何気ない行動から「教育」されていることをチブラとゲルゲリーは示しました。

まだ1歳の子どもの目の前に、二つの、どちらも子どもにとって魅力的な物を、一つは左側、もう一つは右側に置きます。一人目の実験者がその品物の反対側から子どものほうを向いて、はじめに子どもと目と目を合わせてから、そのうちの一方に視線を向けます。すると子どもは先ほどの視線追従をしてそちらのほうを向きます。次に一人目の実験者はそのままその場を去り、しばらくして二人目の実験者がやってきて、その二つの物を両方見比べ、どっちをとろうか迷ったふりをします。すると子どもは、第一の実験者が視線を向けたほうを指差して、こっちを選びなよというしぐさをします。

かわいらしいしぐさではありますが、そんなのはあたりまえだろうとも思うかもしれませんね。ここは準備段階です。次に子どもにとって、好き嫌いにちょっと違いのあるものを左右に置きます。たとえばある子どもは赤い物のほうが青い物よりも好きだとしたら、同じ形をした赤い物と青い物を置くわけです。そして第一の実験者は、やはりはじめに子どもと目を合わせてから、子どもがあまり好きでないほうの色、つまりこの場合は青いほうを見ます。すると子どもはさっきと同じように青いほうに視線を追従します。さて、やはり第一実験者は立ち去り、第二の実験者が来て、先と同じようにどちらをとるか迷ったふりをしたとき、子どもはどちらを指差すでしょうか。自分の好きな赤いほうでしょうか、それとも第一の実験者が見つめた青いほうでしょうか。

子どもは、自分の好きな赤いほうではなく、第一の実験者が見て視線追従した青いほうをさす割合のほうが多いのです。これが先に示したように、はじめに第一実験者が、子どもと目を合わせることなく、一人で勝手に子どもの好きでないほうを見て立ち去るようすを見せた場合は、第二の実験者が来たときに子どもが指差すのは、圧倒的に子ども自身が好きな色でした。

これはおそらく、子どもが第一実験者が視線を使ってわざわざ自分に注意を促して見させたもののほうが「選ばれるべきもの」、個人的好みではなく「客観的に価値のあるもの」とみなして、それを第三者に教えようとしているのだと考えられます。自分自身の好みを相手に伝えるのではなく、自分の好みとは別次元の客観的・普遍的価値基準を、この年齢の子どもは大人のふるまいから察し、そしてそれを他者に伝えようとしているのです。このような大人と子どもの自然なやり取りの中で生じている「教育」の機能を、チブラとゲルゲリーは「**ナチュラル・ペダゴジー**」つまり「自然の教育」と名づけました。

「公的」な世界、「私的」な世界

このナチュラル・ペダゴジー実験が示唆していることがらは、みかけのささやかさとは逆に、人間の本質に関わるきわめて重要な意味を持っています。まずヒトの子どもはかなり小さいとき、ひょっとしたら生まれたときから、他者から何かを教わる能力を持っていると同時に、他者に何かを教えようとする能力も持っているということが読み取れます。

気がついてみればあたりまえのことですが、教えによって学ぶことができるためには、教える能力と教わって学ぶ能力の両方がなければなりません。進化の過程で教える能力だけが獲得され、そこから教わる能力が二次的に派生したとか、逆に教わる能力だけが進化の過程で発生し、そこから教えるという行為が発明されたとは考えにくいとは思いませんか。つまり教育する心の働きと教育によって学ぶ心の働きは、進化の過程で同時に獲得されていなければならない相補性があるのだと思われます。

さらに重要なことは、こんなに小さいときに現れているこうしたコミュニケーションを通じて伝えられている情報が、それを伝える大人にとっても子どもにとっても、「私個人」の好き嫌いではなく、「よいもの」であるという「規範性」を持ったもの、あるいは特定の個人だけにあてはまる知識ではなく、「一般性」のある知識として伝えられているということです。ただのコミュニケーションならば、「私はこれが好きだ」とか「私はあれがほしい」とか「私はいまこう感じる」「私は不快だ」のように、「私」だけのことを相手に伝えればよい。オムツがよごれたり、おなかがすいたりしたときに子どもが泣くのは、まさにそういう個人的で利己的なメッセージです。しかしもし他者とのコミュニケーションで伝えている情報が、個人を超えた「一般性」「規範性」を持つものであるとしたら、しかもそれを互恵的に伝え合うことを、生まれて間もないころからできるというのが確かだとしたら、さらにそれが教育を成り立たせている心の働きの原点にあるとしたら、それは極めて重要な発見であるといえるでしょう。

人間は、どうしようもなく利己的で、己の利益になることを最優先に考える動物のようですが、実はこんな形で、かなり早いときから、自分個人を超えた一般的知識の世界の中に住む能力を備えていると考えられるのです。これは人間における「公と私」の問題にかかわる重要な知見だといえるでしょう。ヒトはかなり小さいころから、家族や友だちとの間で決まりごとやゲームのルールのあることに気づき、それにしたがってふるまうようになり、その決まりに従わない人を非難したり罰したりしようとします。認知症になって、自分の家族すらわからなくなった人でも、一般的な知識や善悪の判断基準などはちゃんと残っている場合があります。ヒトはおそらく生物学的に「公的」な世界を意識し、「私的」な世界との折り合いをつけようとする動物なのではないかと思わされます。

教育は自然な認知能力

シュトラウスとジヴという発達心理学者は教育能力、すなわち教育をする能力、教育によって学ぶ能力が、まさに生まれつきのものだと考え、それをTNCAと呼んでいます。これはTeaching as a Natural Cognitive Abilityつまり**「教育は自然に備わった認知能力である」**

という主張です。チブラたちがナチュラル・ペダゴジーの実験を通じて、1歳になるかならないかのときにすでに人から情報を得る能力を持っている可能性を示唆してくれました。それだけでも、十分教育が自然に備わった能力であることを示しているといえそうですが、シュトラウスたちはこれをもっと精密に議論しています。

おそらく誰でも、言葉をしゃべる能力が自然に備わった認知能力であることを疑わないでしょう。また直立二足歩行できることは、認知能力ではありませんが、やはり自然に備わった能力であることは疑いありません。ほかにも目は光を受け入れてものを見るために、消化器は食べものから必要な栄養物などを摂取するために、自然に備わった能力を持つ器官として存在します。教育をする能力、教育によって学ぶ能力もまたそれに匹敵するというわけです。

生物が示す特徴が自然によって与えられた生まれつきのものだというためには、どんな条件が必要なのでしょう。シュトラウスらは、進化心理学の考えを応用して、7つの条件を挙げています。

1）ある特定のタイプの適応問題を解決するために複雑な形で作り上げられていること
2）取り立てて意識的に努力しなくても、またあらたまって教わらなくても発達すること

3）その理屈を特に意識しなくともできること
4）より一般的な情報処理能力や知的行動の能力とは別物であること
5）正常な人間なら誰でもまちがいなく発達させられること
6）その種に属していれば誰でも持っていること
7）その種を特徴づけるものであること

他者に教育的に働きかけ、また他者から教育によって学ぶ能力は、これら7つの条件を満たしているといいます。教育能力がヒトに自然に備わった能力だという考え方は、本書で私が主張している「ヒトは教育的動物（Homo educans）である」という考え方と合致しています。そして人間について考えるうえで、きわめて画期的で重要な主張なのです。

2　文化的知識の創造・蓄積・学習におよぼす教育の意味

行動としての教育、慣習としての教育、制度としての教育

ここで議論を整理するために、教育について三つの段階を区別したいと思います。それ

は「行動」としての教育、「慣習」としての教育、そして「制度」としての教育です。

これまで述べてきた教育は「行動」としての教育でした。ナチュラル・ペダゴジーとして発見されたコミュニケーションで伝わる「これがだいじ」という知識の獲得、あるいは先生が黒板に板書しながら英語の文法規則や方程式の解き方を示し、その使い方ややり方を学習すること。教育を成り立たせている最も基本的な単位として現れたものです。

この意味では、コンビニで、どこに台所用洗剤はありますかと聞かれて、その場所まで連れて行って場所を教えてあげるのも教育行動です。また「お師匠さま、私はどう生きればよいのでしょう」という問いに「無じゃ」と答えるのも教育行動です。売り場への道を教えるのも人として生きる道を教えるのも、次元としては「行動」としての教育です。教える側つまり教師になるエージェント（その役割を演ずる人）では、教える内容を、指し示す、言葉や図や身振りで説明する、お手本を示す、あるいは学習者の行動を指示する、禁止する、ほめる、しかる、見守るなどといった行動がそれに当たります。また教わる側つまり学習者としてのエージェントは教師エージェントの発するさまざまな手がかりの中に関連性を見出し、教師が教えようとしている知識を学習しようとします。

しかしやがてある程度意図を持って、組織的・計画的に教育をしようとする段階に至ります。それが「慣習としての教育」です。人を集めて農作業の手順を教えようとしたり、一定の年齢になると村のおきてや神に仕《つか》える儀礼の仕方を教わるなどといったことです。これは行動としての教育を、ほかの営み（生業や遊戯など）と切りはなし、教育による学習を生じさせること自体を目的とした特別な場所、時間、往々にして特別な教材や専門の教師役の人がいる、組織化された場によってなされる教育活動です。

ここではさまざまな教育行動がパッケージになって、学習者の学習を促し、強制すらします。歴史的には、おそらく家族を超えた一定の大きさのコミュニティーが、呪術や宗教の習慣を共有したり、都市や国家がうまれて、支配層が官僚組織を作って、納税や借金の記録を残すための文字や法律を学ばせたり、兵隊たちが規律のもとに編隊を組んで組織的な防御や攻撃をできるようにする必要が生じたときに、そのような活動としての教育がなされます。西欧では紀元前数千年ごろから、日本でも邪馬台国が成立していた3世紀前半のことでしょう。

それ以前は、そして実はいまでも、生業に関する技能的知識や社会的ルールに関する手続き的知識、あるいは村やコミュニティーを成り立たせている決まりごとなどは、慣習としての教育以前に行動としての教育によって伝わっています。

しかし社会がさらに成熟してくると、国家や教会など、人々を統率する権威を持った集団で、組織的な教育のための「制度」を作り上げ、先に述べた学校とそれに付随するカリキュラム、テキスト、校舎、職業教師といった一連の計画的な教育活動を形作ります。いま私たちが見慣れている教育の形式といったら、もっぱらこの「制度」としての教育になります。行動としての教育が組織化された慣習としての教育を、さらに組織化したものといえるでしょう。今日教育についての議論は、ほとんどがこの制度としての教育のもとで起こるといっても過言ではありません。

このように、教育にもさまざまなレベルがあります。これを混同してしまうと不毛な議論になりかねません。この章では、ほぼ行動としての教育について扱います。

「教育がない」狩猟採集民

さて、ナチュラル・ペダゴジーは1歳ごろの自然なコミュニケーションの中で生ずると考えられる知識の選択的学習をうながす行動でした。これが実際の生活の中ではどのように生じているでしょうか。

そのことを知るためには、まさに私たちの日常の自然な場面でそれがどのように生じているかを調べてみればよさそうなものです。しかし義務教育などの教育制度が整っている近代社会に住む私たちは、制度としての教育にどっぷりとつかってしまっており、いまだ赤ちゃんのときから（場合によってはおなかの中にいるときから）、より頭の良い子に育てようとか、音楽のセンスを身につけさせたいとか、いまの教育的慣習や教育制度に適応させようという育て方につい走りがちです。いまや学校制度は世界の隅々にまでいきわたり、学校が誕生する前の「自然な」教育を見ることができるところがなくなってしまいました。

しかしまったく不可能というわけではありません。それが狩猟採集の生活をいまでも営んでいるアフリカの先住民族です。なかでもアフリカ中部の熱帯雨林で生活するピグミー族の人たちは、いまでも文字や貨幣を用いず、学校にもほとんど行かず、昔ながらに森の住人として野生動物や川の魚、森の中で取れる果物を食糧として生きています。1970年代くらいからカメルーン政府の定住化政策により、幹線道路にそった集落に定住するようになり、より近代的な生活を営む近隣の農耕民たちが貨幣経済を営み、バイクや自動車、携帯電話を使っている様子を目の当たりにするようになっていますが、いまだに狩猟採集民としての彼ら独自の生活習慣を堅固に残しています。ピグミーに関する文化人類学的研究は日本でも大変盛んで、京都大学大学院のアジア・アフリカ地域研究研究科の研究者はじめ、数多くの優れた研究者が現地での研究を進めています。

文化人類学者たちが報告した彼らの文化伝達の特徴は、まさに「教育がない」ということでした。大人が子どもに組織的に動物や魚の取り方、道具の使い方や獲物の習性を教えようとする様子が見られないというのです。その様子はまさに自由放任の子育て、子どもたちはいろんな年齢の子どもたち同士で仲間を作り、ひがな一日森の中で小動物や昆虫、魚などを取ったり、木や葉っぱでおもちゃを作って、工夫しながら遊んでいます。そうした遊びの中に、大人たちの仕事がごっこ遊びの素材として使われ、だんだんと大人のやることを学んでいるようです。しかしそこに大人が教育的に介入し、もっとこうすれば獲物がもっとたくさんしとめられると指導しようとする姿は見られず、ましてや狩人《かりゅうど》の英才教育を施して誰よりも優秀なハンターを育成しようなどという野望を抱く親子は皆無です。

こうした自由放任主義的な子育ては、ピグミーに限らず、漁労で生活するニューギニアの島々の人々などにも見られ、いわば狩猟採集民の典型的な子育てのようなのです。子どもの文化人類学の研究で有名なランシーはこれを「誰からも教わらない学習」(Learning from nobody)と呼んでおり、人類史の95％以上を占める狩猟採集の生活に見られるこのような子育て様式こそ人間の自然な文化的知識の学習の仕方であるといいます。むしろ子どもをみたら教育の対象とみなし、小さいころから文化的知識を積極的に教えて賢い子どもに育ててやろうとする文化のほうが、人類全体から見ると極めてまれであり、それが起こっているのが「西欧化した(Western)、教育を受け(Educated)、産業化された(Industrialised)、豊かな(Rich)、民主的な(Democratic)」つまりＷＥＩＲＤ(「おかしな」「不気味な」の意味の英単語)な社会であるというのです。

ピグミーの村を訪ねる

私がこれら文化人類学者の報告を読んだとき、そんなはずはあるまいと思いました。本書ですでに紹介したナチュラル・ペダゴジーのような発達心理学的知見もすでに報告されていますし、常識的に考えてもありえなそうだと思いました。しかし文献的にはそうした報告がありません。そこでこの目で確かめに行こうと決意し、信州大学の文化人類学者の分藤大翼先生が長年関係を築かれてきたピグミーの一族、バカ族の村にご一緒させていただきました。実のところ、齢《よわい》五十を越し、自分の専門でもない文化人類学のフィールドに、行く途中の川で渡し舟が転覆したら人食いワニに食われる可能性もゼロではないと脅かされ、何本も予防接種を打ち、高価なマラリア予防薬も持ってまで、わざわざ自分が出かける必要があるかと自問自答もしました。が、そのとき「Homo educans 仮説」、すなわちヒトは進化的に教育的動物であるという仮説を根拠づける証拠の有無をこの目で確認することが、自分の研究者人生にとってきわめて大事なことだと感じていたのです。

準備万端で日本を発ったのが、なんと「2011年3月9日」。丸々二日かけてたどり着いたカメルーンの首都、ヤウンデのホテルの部屋でたまたまつけたテレビニュースから飛び込んできたのは、大きく揺れる「仙台NHK」の看板でした（つまりほぼ即時にBBCで報道されていたわけです)。東日本が、それまで築き上げてきた文明を根こそぎ崩壊させられていたそのとき、私はごく近年まで、西欧文明と無縁の生活を送りつづけてきた熱帯雨林のバカ・ピグミーの人たちの村で、インターネットも携帯電話もつながらない生活を1週間過ごしたのでした。その経験自体、考えさせられたこと、語りたいことは、本書のテーマを越えて山のようにあるのですが、ここでは「教育」の問題だけにしぼってお話を進めましょう。

写真1　バカ・ピグミーの村を尋ねる(2011年3月)

確かに教育がない

このときのフィールド観察では、確かに文化人類学者のいうように、親子の間での教育と思われるコミュニケーションはまったく見ることができませんでした。そもそも親世代と子世代が一緒にいること自体、日中はほとんどないのです。数十人ほどいる集落の住人のほぼ半分は子どもです。男の子は男の子同士、女の子は女の子同士で、下はまだおんぶされたままの赤ちゃんから、上は10歳くらいの子どもまで、異年齢集団を作って三々五々、森の中に入っていったり、近くの広場で草で作ったボールを蹴ってサッカーの真似事（サッカー王国のカメルーンなので、これは狩猟民の子どもにも人気があります）をして、夕方まで思い思いに過ごします。

一緒についていくと、無数の美しい蝶の舞う川岸で、女の子たちが掻《か》い出《だ》し漁をしたり、「ウォータードラム」（川の水面に両手を突っ込み、それを勢いよく掻き出すときにできる真空が、まるで本物のドラムをたたいているような大きな〝ポムッ〟という音になる。それをリズミカルにつづけて即興のドラム演奏をする遊び）に興じている姿を見ることができます。かと思うと、一人子どもの群れから離れて、私たち観察者を、少し離れたところから、哲学者のような目つきでずっと観察し続ける5歳くらいの子どももいます。

彼らには「退屈」という時間がないようでした。こんな生活のどこに、大人が子どもに何かを教えるという時間が作られましょうか。さすがに子どもたちが自分の家族の元に戻った夕刻以降も、一緒についていって観察をさせてもらえる関係には至っていませんでしたので、そのような家族団らんの時間に何がしかの教育的な会話がなされていた可能性はあります。しかし少なくとも森の中で実地で狩猟採集の技能や生態系についての知識の教育をするという様子はまったく見られませんでした。

教育行動を作る

それでは本当に狩猟採集民には教育能力はないのか。確かに慣れ親しんだ狩猟や採集の技術を手取り足取り大人が子どもに教える場面に出くわすことは難しそうです。しかし、もし彼らにとってまったく新しい知識を導入したらどうなるだろう。大人が学んだことを子どもに教えるということは、それでも生じないのだろうか。そう考えて、およそ半年後、同じ2011年8月に、今度は『ネアンデルタールとサピエンス交替劇の真相』（研究代表　高知工科大学〈当時〉赤澤威先生）という大きな科研費研究プロジェクトの一員に入れてもらい、ピグミー研究で知られる神戸学院大学の寺嶋秀明先生のチームに加えていただいて、3月の訪問地に近い、同じバカ・ピグミーの村に赴きました。

このときに試みたのは、ピグミーの人たちにとって目新しい技能を学んでもらい、そのときに大人から子どもへ、それを「教えよう」とする行動が見出されないかを確かめることでした。彼らにとって「目新しい技能」として選んだのは「けん玉」でした。他にもヨーヨーや折り紙も試してみたのですが、すぐにできるようになるには難しかったのに対して、けん玉は簡単に繰り返し練習ができるうえに、初心者でも何回かにいっぺんはまぐれでも皿の上に玉を載せることができ、しかも玉を振り上げる仕方や力加減を適宜調整できるので、ヨーヨーと比べてはるかに成功体験や上達感を得やすいようなのです。まず大人たちが夢中になり、飽きっぽいといわれるピグミーの人たちには珍しく15分も30分も集中して取り組んでくれました。

さて興味深いのはここからです。大人に混じって子どももやるようになります。すると先に経験した大人が、子どもに向かって「もっと前に手を流すようにしてみろ」「ちゃんと見ててやるぞ」などと、手振りや視線を使って、まさに教育行動をするのです。その様子は日本人や西欧人が家庭や学校で何かのやり方を教えようとするときの様子とまったく変わりません。まさにあたりまえのように「教え」ようとする行動が自然に現れるのです。

さまざまな教育行動が見つかる

ちょうど私たちと同じころ、このプロジェクトに海外研究者として参加していたバリー・ヒューレット博士は、同じくピグミー（アカ・ピグミー）の親子たちの間に、さまざまな形の「教育」的やり取りがあることを、よりきちんとした映像データから明らかにしてくれました。彼はピグミーが親子で一緒にいる様子をビデオカメラで録画させてもらい、その中でどんなやり取りがあったかを分類しました。図2－1は10人の12ヵ月から14ヵ月の幼児一人当たり1時間のビデオの中で見られた、何らかの意味で「教育」（teaching）と呼

写真2　バカ・ピグミーの大人が子どもに「けん玉」を教えようとする（2011年8月）

べる行動をリストにしたものです。その中で実にさまざまな種類の「教育」、つまり知識やスキルの学習を促進させようとする行動が、どこかに何らかの形で見出され、その頻度も総計で1時間当たり平均10回を超す非常に多いものでした。およそ親と子の間でなされるコミュニケーションは、何らかの意味で文化伝達にかかわり、何らかの積極的な教育行動であるといっても過言ではないくらいです。

ただここで注意しなければならないことがいくつかあります。彼らがやっていることは「行動」としての教育であり、「慣習」や「制度」としての教育ではないということ。もし、けん玉ができるようになった大人が、「よし、それじゃあ、けん玉のやり方やコツを教えるから、説明を聞きながらよく見るんだぞ」などと言って、子どもと面と向かってわざわざ教える行動をしたとしたら、これ

教育行動のタイプ	特徴	事例を含むビデオテープの割合（%）	1時間当たりの頻度（回）〈標準偏差〉
ナチュラル・ペダゴジー	指差しする、アイコンタクトを使う、子どもに向けられた話し方をする、幼児の名を呼んだり注意を引くような手がかりを与え、スキル（ナイフや山刀や穴掘り用の柄の使い方、木登りの仕方）や知識（たとえば分け与え方、根っこをどこで探すか）についての情報を伝える	80	4.1〈3.5〉
正のフィードバック	微笑む、幼児が上手にスキルを使うのに応えてポジティヴな音を出したり踊って見せたりする	50	1.2〈1.9〉
負のフィードバック	幼児がほかの人を叩いたり脅かしたり、何か危なそうなこと（ナイフの先を人に向けたり木に登ろうとするなど）をしたとき、いやなコトバや音を発したり子どもの体を動かす	60	2.7〈3.7〉
向け変え（redirect）	子どもが何か危ないこと（火の中に入ろうとしたり、火にかけた熱いなべをひっくり返そうとしたりするなど）をしたり、不適切なこと（泥の中に足を踏み入れる）をするので、興味を別の場所や別の活動に向け変える	50	1.3〈2.2〉
足場がけ（opportunity scaffolding）	幼児にもの（たとえばナイフ、山刀、穴掘り用の柄）を与えたり、学習機会を与える。与えたあとそれを見つめたりモニターするが、その使い方についての手がかりは与えない	60	0.9〈1.3〉
例示（demonstration）	特定の課題（ナイフの使い方など）を例示（デモンストレーション）する。対象物は例示したあとに幼児に与えられる。子どもの体を動かしながら例示することも含む	70	3.0〈3.2〉
課題の割り当て（task assignment）	課題（たとえばテントからテントへものを持っていく）を与える	60	1.4〈2.2〉
体を動かす（move body）	踊りの仕方やしてはいけないことを示すために幼児の体を動かす（動作は情報を伝えるものでなければならない）	80	1.7〈1.5〉
言語教示	課題や知識について幼児に向かって何らかの言語的説明（音を出すだけでは不十分）を与える	40	0.6〈0.8〉

図2-1　アカ・ピグミーの幼児に養育者が示した「教育行動」
（Hewlett, B. S. & Roulette, C. J., 2015）

はすでに教育による学習のための特別な時間や場を設定したことになり、「教育慣習」になります。しかしそうした場面は生じないのです。もし、狩りや木の実の採集においても同じような形で教育がなされたとしても、文化人類学者はそれを「教育」とは見なさなかったと思われます。これが狩猟採集民に「教育がない」といわれるゆえんなのだと気がつきました。「教育」つまりわざわざ人に学習させるための特別な場を設定して特別なことをするぞ、という活動が芽生えていないとすれば、確かに「教育」という意図も、ひょっとしたら「教える」という概念すらないかもしれません。

それでは狩猟採集民に、文化人類学者が教育と認める活動がまったくないかといわれると、決してそうではないことを、文化人類学者も例外的に認めています。それは文化的な禁止事項、あるいは忌避行動です。その文化の中で、明らかにやってはいけないとされていることをしたときは、面と向かってしかられたり罰せられたりします。

「斜めの教育」

もうひとつ注意しなければならないことは、大人は教えようとするが、子どもがそれを見て「けん玉学習」に役立てようとしているかははっきりしないということです。お話ししたように、けん玉は、そもそも人から教わらなくとも、そのやり方を一度見て理解すれば、個体学習ができてしまう遊びです。実際、子どもたちは、教わってやるというよりは、自分のペースで集中して行っています。そこに大人がおせっかいにも口を出すという形なのです。知識を持った大人たちは、つい若いものに教えたくなる。子どもは一人でも学べるのに、つい口を出したくなる。子どもはそれを視野の片隅に置きながら、自分のしたいようにし続ける。それが自然の教育の発生の原初的な形なのかもしれません。

ここで、子どもが本当に大人の伝えようとしたことを学んでいるかの確認までしたいと思ったり、一連の儀式によって大人の教えを学んだという「資格」を与えようとすると、教育行動ではなく教育慣習や教育制度のレベルにあがります。しかしここでおせっかいなことはせず、子どもが大人の教えを受け取ったか受け取らなかったかまでは自由放任なのです。

さらに大人と子どもの位置関係を見てください（104ページの写真）。ふつう先生と生徒がいたら、互いに顔と顔を見合わせるようにして、面と向かい合った先生から生徒が教えを請うという形になるのが、慣習としての、あるいは制度としての教育のあり方です。しかしここでは面と向かい合うのではなく、横に寄り添う位置に異なる技量の人が位置しているのです。

これは文字通り**「寄り添う」教育**、あるいは**「斜めの教育」**といえないでしょうか。学習者がすでにあることがらにかなり集中して関わっているとき、教師はその目の前に立って、こっちを見ろ、私の言うことを聞け、と関わるより、脇に寄り添ってその様子を見守ったり、自分も同じことをちょっと上のレベルでやって見せ、学習者がそれに関心を示したら、そのときに伝えたいことを強調して表現することで技能を伝えるほうが、学習者の動機づけも維持されやすく、また学習効率もよいのでしょう。面と向かってなされるナチュラル・ペダゴジーは、教育の認知的起源を示唆する事象ですが、このような斜めの教育関係もまた教育の発生を考えるうえで重要であると思われます。

斜めの教育については、旧石器時代の石器製作に興味深いエビデンスがあります。いまから1万5000年から2万年前の、大阪府羽曳野市の翠鳥園《すいちょうえん》遺跡には、つい昨日までそこでみんなで共同で石器製作をしていたのではないかと思われるような跡が残っています。石器は大きな石を別の固い石や骨角器などでたたいて、適切な大きさと形をした石片を剝がし取ることによって作られます。ここには、その製作途中で割り出した石のくずもそのまま残り、その飛び散る方向と、それを再度組み合わせてもとの石を再現する考古学者の作業によって、どこに、どの程度の力量を持った作り手が、どちらの方向に座って、どんな順番で石片を剝ぎ取っていったかがわかるのです（図2－2）。

これを見て面白いのは、熟達者を中心に中級レベルの作り手がその近く、初心者が遠くに座っていること、しかも互いに面と向かい合うのではなく、かといって背を向け合うのでもなく、1mほどの比較的近い位置に陣取って横並びにやや「斜めの関係」になりながらそれぞれの方向を向いているということです。ここから想像されるのは、彼ら一人ひとりが、自分の力量を知って、自分の力量より少し上の人の隣に陣取っていること、そしてその人の作業を隣で眺めることのできる位置に座って作業をしているということです。この遺跡からは、ピグミーのけん玉学習で垣間見られた「斜めの教育」と同じような学習が随時行われる状況を作りながら、いろんな熟達のレベルを持った人々が集まって、自らの石器作りに集中しながらも、時々隣にいる自分よりも一歩先を行く人の手さばきを見て、もっとうまく、もっと使いやすい石器を作ろうと自ずと努力していたであろう古代の人たちの姿が思い浮かびます。

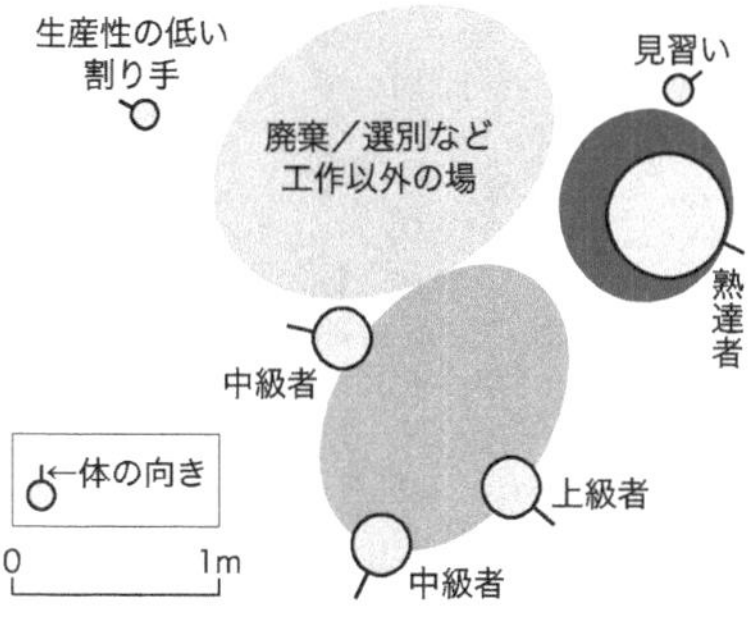

図2-2　旧石器時代のハンドアックス製作現場
（高橋章司、2003）

このとき、熟達者は言葉を発して自分のやろうとしていることを「説明」したり、あるいは学習者の手さばきを「注意」したり「ほめ」たりしていたかどうかは、残念ながらわかりません。しかしもし現代のわれわれと同じ脳と精神能力を持ち、言語能力も持っていたとしたら、そしてナチュラル・ペダゴジーの能力やTNCAを同じように持っていたとしたら、そこで互いに「教える」「教わる」の関係が生じていたであろうことは、決して荒唐無稽な想像ではないと思われます。

おばあさん仮説

狩猟採集民の村で過ごしてその子育ての様子を見て気づくのは、乳児たちを村の女性が共同で養育していること、そしてそこにおばあさん世代が重要な役割を演じているということです。これは狩猟採集民に限らず、わが国においても昭和の半ばまでは各地で見られた光景でした。これがおそらく自然な子育てのあり方だったのでしょう。こうした共同養育、あるいは乳母《うば》行動（アロマザリング）は、チンパンジーには見られにくい、ヒトの子育ての特徴とされています。

おばあさん世代が孫世代の養育に集団で関与するという子育てスタイルは、ヒトの生物学的特徴と密接に関わっています。図2－3は、ヒトをふくむ類人猿の生活史パターンを示したものです。生活史とは、生物が一生の間で表す生存、繁殖、環境適応のための戦略の時間的変化のことです。

この図を見てはっきりわかることは、ヒトはあらゆる霊長類の中で（ということはあらゆる動物の中で)、著しく「子ども期」と「老年期」が長い動物だということです。特にこの老年期の長さは、近年の医療の発達によるものではなく、自然にそうなのだということに注意してください。ほぼあらゆる動物は、生殖能力がなくなるとともに死を迎えます。つまり遺伝子を次世代につなぐところまで生きれば、それで生命を全うすることを許されているのです。ところがヒトは遺伝子を残しただけでは死ねない体になっている。これはなぜか。

これは従来、老年期の人々、つまりおばあさんたちの世代が、子育ての肩代わりをしてあげて、親の世代が子どもの食べ物の分まで働いたり、次の子どもを作ったりすることの手助けを直接間接にしてあげているからだという仮説が有力でした。いわゆる「おばあさん仮説」です。これが狩猟採集民や日本でもつい最近まで見られた共同養育の姿を生み出している生物学的な理

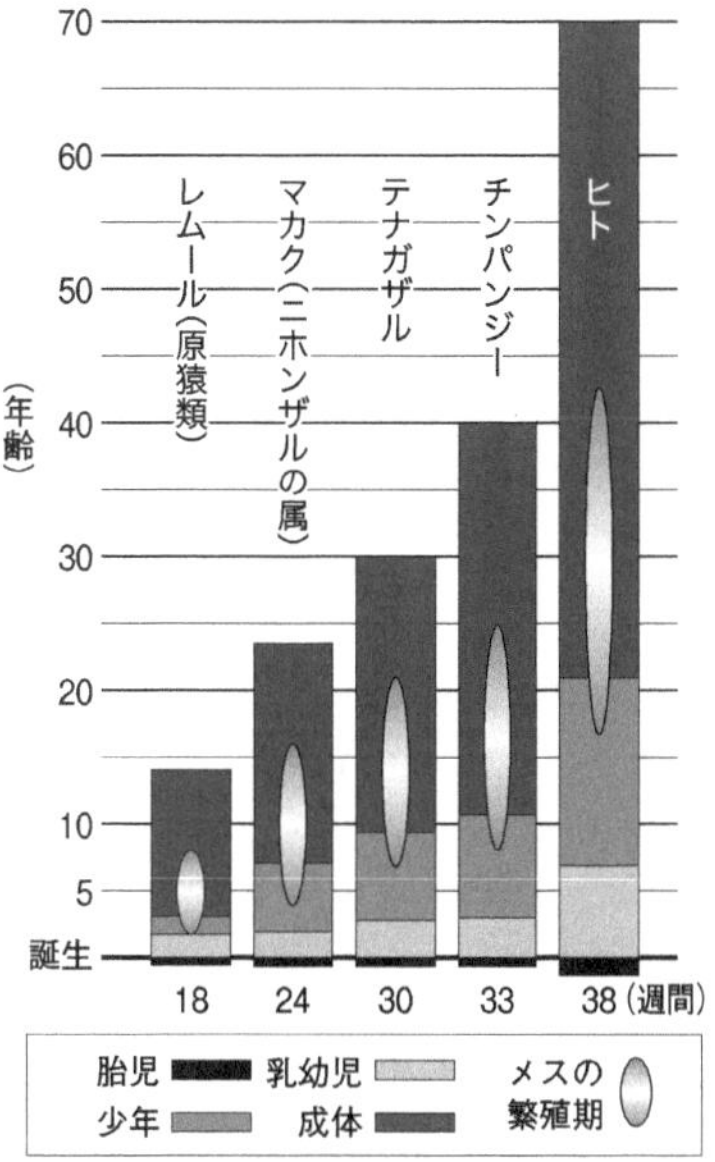

図2-3　類人猿の生活史
(Schultz, A. H., 1960を改変)

由なのでしょう。

しかしここでこの仮説を「教育」にまで広げて考えることができそうです。元来、人類史が始まってからごく最近まで、老年期の人たち、すなわち長老の持つ知識は、人生の深遠な知恵となって共同体の大切な資源でした。自然界のきまりについての深い洞察がなされ、何か問題が生じれば、村の長老の知恵を借りにいく。その知識と知恵の深さは、まだ大人としての経験の浅い親世代の比ではありません。その人たちが、これから文化を学ぼうとする子どもたちに対して、ナチュラル・ペダゴジーと元来の教え好きという性向を持って子育てに関わるのですから、当然その知識学習が促進されます。

この数十年、急速な科学技術の発展による文化的なイノベーションとそれに伴う生活形態の変化が大きいあまり、老年期の人たちの言葉は、あたかも時代遅れの役に立たないもののように思われるようになりました。これは大きな誤解であり、大変不幸なことです。**人間において、老人たちは、生物としてヒトが生き残るための欠くことのできない「資源」であり、遺伝子の伝達という使命を全うしてもなおかつ、知識と知恵を伝えるという重要な役割を果たすことを、生物学的な使命として授けられた。**それがこのヒトに独特の生活史戦略にあらわれていると考えられるのです。

子ども期の長さと脳の発達の関係

老年期の長さと同時に、子ども期の長さも「教育」、すなわち知識伝達のためのコミュニケーションに関わっています。子ども期とは生活史理論では出生から離乳して大人と同じ食べ物を食べられるようになり、自分で移動が可能になり、そして乳歯がすべて永久歯に生え替わったときまでをさします。人間の場合、第7歯まではおおむね12～13歳ですが、第8歯（俗に言う「親知らず」）までそろうのは20歳ごろになります。このように身体的に大人になるまでにはずいぶん長い時間がかかります。人間は、この人生のはじめの12年なり20年をどのように過ごしているのでしょうか。

生まれてすぐに自分で歩ける動物と異なり、人間の赤ん坊ははじめ自分で立つことも歩くこともできませんし、食べ物を手に入れることも、むろん言葉をしゃべることもできません。それが数年をかけて、ようやく一人前に肉体を操れるようになり、大人の話もそれなりにわかるようになります。それが大体5～6歳ごろ、永久歯に生え替わる少し前にあたります。

この年齢は、脳の大きさと密接な関係があります。脳はこのはじめの数年間で急速にその大きさを増します。そして6歳くらいで、成人脳のおよそ9割に達するのです。そこから12歳くらいを目指して、残りのほぼ1割を完成させます（脳神経の密度まで成人と同じになるのは20歳台半ばくらいともいいます）。大人の約9割に達した脳は、大人顔負けのこましゃくれた理屈をいうようになります。論理的な能力が育っているのです。

ピアジェという学者は、この時期に達成する子どもの認知能力の段階を、「具体的操作期」と呼びました。具体的事物に関する「いま、ここ」に関する推理を論理的に行うことができるというのです。これより前の子どもは「前操作期」といい、論理数学的な操作を対象に対して働かせることがまだ十分にできません。ですから3〜4歳の子どもに、二つの等量のジュースの入ったコップの一方を細くて背の高いコップに移し変えると、背が高くなったのでそのかさが多くなった、あるいは細くなったので少なくなったと、理屈に合わないことを平気で考えてしまったりします。それが6歳を越すころになると、誰が教えたわけでもないにもかかわらず、ちゃんと「足したり引いたりしていないのなら、その量は変わらない」という理屈を理解します。

この認知的な成熟度を反映し、歴史上のどの文化でも、この年齢になると子どもは初めて社会の一員として位置づけられるようになります。大人と一緒に仕事の手伝いをさせられるようになる、支配層としての教育の基礎課程に組み込まれる。私たちの社会では、正式に学校教育が始まります。良し悪しの判断が、単に自分がつらい目にあうかあわないか、他人からしかられるか否かという損得で見るのではなく、みんなが是認する何らかの「よい子」「よいふるまい」というものが社会にあって、それに従うことであることがわかるのもこのころです。これらはすべて、脳の仕組みが「おおむね完成」したことに対応していると考えられます。

ヒト特有の成長パターン

しかし「完全な完成」には至っておらず、成人と同じ大きさになるまでもう数年、およそ12歳前後まで、脳の成長は続きます。その間に子どもはさまざまな社会的慣習や文化的知識を学びながら大人へと移行します。何をどのように学ぶかは、狩猟採集の社会と学校教育のいきわたった西欧社会とで大きく異なるものの、とにかくその文化が持つ具体的な事物に即した知識の扱い方を習得するのに数年かかる。その間に脳は最後の完成段階を全うします。

そして迎える12歳（多少の年齢幅はあります）。どの時代でもどの文化でも、おおむねこのころから、人間は「子ども」から一人前の「大人」として認知されるようになります。狩猟採集社会では、いわゆる通過儀礼を経験する。徒弟制では丁稚奉公《でっちぼうこう》が始まり、武士は元服し初陣《ういじん》に出ます。

学校教育で顕著なのは、ここで中学校というひとつ上の階梯《かいてい》へと進むことによって、つ

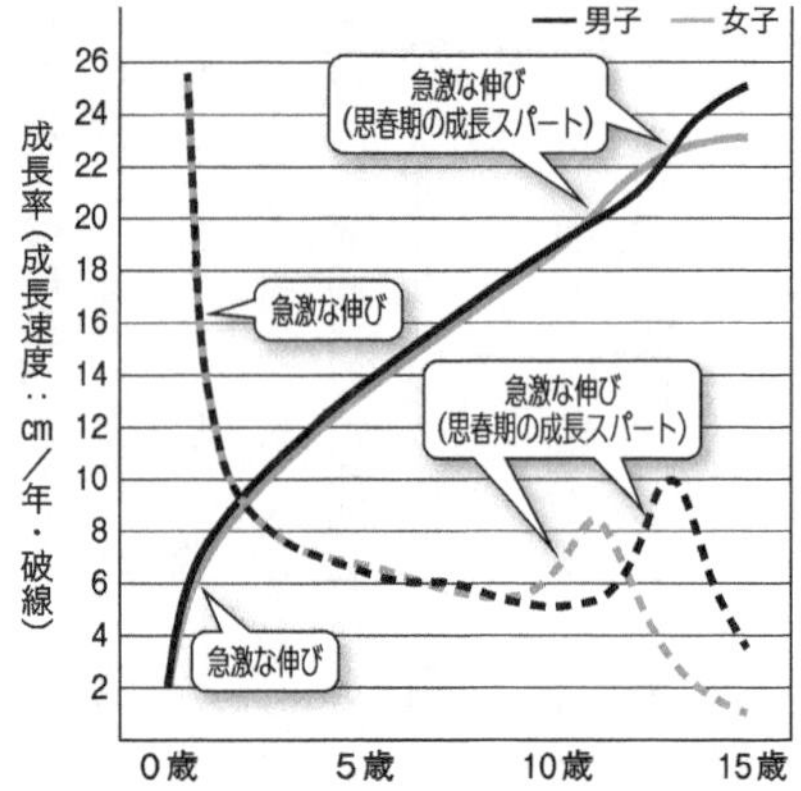

図2-4　身体の成長速度
（https://ghw.pfizer.co.jp/comedical/knowledge/pattern.html）

るかめ算・旅人算の「算数」から未知数や連立方程式・関数を扱う「数学」に、博物学的な自然の事物や現象を学ぶ「理科」から物質界の法則性を学ぶ「物理・化学」へ、事物や人物や個々の出来事の系列としての「日本の歴史／世界の歴史」から、大きな社会システムの変化を理解する「日本史／世界史」へと、同じような知識内容に対して抽象性の高い学術的理解を求められるようになります。そしてわが国では中学校を終えた15歳で一応義務教育を終了し、社会に出て一人前の人間として生きることが許される段階に至ったものと認知されます。

この12歳前後を境に社会的地位が変わり、学習される知識の様式が変化するという現象が、ほぼいかなる文化においても共通に見出されるのは、それがたまたまどこかで作られた文化的慣習を他の文化が模倣したのではなく、ヒトという種に普遍的な生物学的必然性があるからと考えられます。それが脳の完成と性的成熟です。図2－4は生まれてから成人に達するまでの身体の成長の様子を表したもので、乳児期の急激な成長が児童期を通じてひとたび収まったのが、男子では12歳、女子では10歳を越したあたりに、「思春期スパート」と呼ばれる成長を再度進める現象が見られることがわかります。

このような成長パターンはヒトにしか見られません。なぜヒトは身体を一気に大人の大きさにせず、10～12歳ごろまである程度抑えて再度スパートをかけるような不可思議な方略をとったのか。その理由が脳の発達にあるわけです。**身体の成長よりも脳の成長を優先させて栄養を回し、脳が完成するのを見届けてから、一転して最後の身体的完成にエネルギーを振り向ける、そういうストラテジーを選んだ生物がヒトなのです。**

時間がかかる脳の発達

ヒトを生物学的に特徴づける脳、それは巨大で高エネルギー消費を強いる情報の学習と創造の臓器です。その脳が特に学習をしながら成長する生涯のはじめの数年間、またおおむね完成させてから成人としてより高次な学習調整を図る次の数年間を経て、ヒトはようやく心身ともに一人前の生物学的機能を備えた「大人」となる。この12年間、あらゆる動物の中でもっとも「大人」に達する時間が長い奇妙な動物がヒトです。なぜそんなに長い時間をかけて脳を発達させ、さまざまな知識を学習するための時間を生物として確保したのか。

すぐに思いつくのは、いまの私たちがそうであるように、この間に膨大な文化的知識を学ばねばならないからでしょう。21世紀に生きる私たちの前には、この世に生まれ落ちたときにすでに、何千年、何万年もの間に人類が蓄積してきた文化的知識の大海が横たわり、その中にいきなり投げ込まれます。その中でおぼれずに生き残るために、そのたまたま落とされた知識の海を泳ぐための学習が必要となる。それは現代の狩猟採集民たちにとっても同じようです。彼らは学校がない代わりに、テキストも先生もいない環境で、森に生息し彼らの生活資源となる何百種類もの動植物やその生態にかかわる気候の変化などに関する複雑な知識や、独自に作り上げたさまざまな文化的習慣、部族の神話や宗教や物語を学習せねばなりません。脳がひとつの文化的共同体に生きる人々をきちんと自立して生かすための知識を学習して使いこなせるようにするためには、12年という時間がどうしても必要だったのでしょう。

そうした文化的知識の積み重ねがまったくなかったヒト発祥の時点ではどうだったのか。もともと彼らの生きる生態系について学習せねばならない情報量が、脳の神経系が処理できる情報量との関係でその年月をたまたま必要としたのかもしれません。つまりサピエンスの、ネアンデルタールとの共同祖先であるハイデルベルゲンシスのゲノムに突然変異が生じた結果できた脳の学習能力で、たまたま12年ほどの発達の過程で獲得できた学習量が、彼らの新しい生活様式の中で、幸いにも彼らを絶滅させずに生存させることができるだけの機能を有していたからだったのかもしれません。サピエンス以外のヒト属は残念ながら何らかの理由で環境に適応しきれずに絶滅しました。彼らは、これもたまたまほかの種と比べて、生存と繁殖をするのに十分な学習能力と生活様式を結果的に備えていなかったということなのかもしれません。

図2-5　子どもが大人に教えようとしたボードゲーム（知能検査課題）の例
（赤木和重、2004を改変）

他人に教える能力

利他的な理由で他者に知識を伝達するための行動＝教育をする能力が、かなり幼いときから発揮されていることを示す証拠が、近年出始めています。たとえば、赤木和重先生は、2歳にならない幼児が、ゲームのルールを知らない大人に向かってルールを教えようとすることを実験的に示しました。ここでゲームというのは、図2－5のような、ボードに彫られた溝の形に合う積み木をはめ込むというものです。これは知能検査項目のひとつで1歳児ならたいていできる問題です。実験では、大人の実験者が子どもと向かい合いになって、子どもの前でわざとまちがえてやってみせます。すると20ヵ月に満たない子どもは、自分でそれを手にとって勝手に自分でやるだけなのですが、20ヵ月を越すころになると、子どもは大人の顔を見て、そっちじゃなくてこっちだよと指をさして教えようとするのです。

同じように他人に教えようとする行動がもっと小さな年齢のときから見られることを示した研究が、相次いで報告されています。たとえば14ヵ月児が他者の知らないものが背後にあることを「教え」るための指差しをします。さらに12ヵ月児が大人が探しているものが自分にしか見えないとき、その場所をその大人に指差しで「教える」という援助行動をするという報告もあります。

文化的知識

ヒトはなぜこのようにとても小さいときから「知識」を教えようとするのでしょう。しかもただ「私が面白いと思う知識」を相手に押しつけるためではなく、相手が知らないこと、しかも一般的で規範的なルールや知識を、わざわざ教えようとするのです。

これは**そのような一般的な知識こそが、文化的知識の本質だから**だと思われます。文化的知識は、ただ一人ひとりがたまたま個人的に知っていることを寄せ集めたものではありません。自分が知ったことを自分だけにとどめず、自分が仲間と思う他のメンバーにもいっしょに持っていてほしいと思うから、わざわざ伝えようとするわけです。たとえばある家庭で、タオルは上から2段目の棚に置くというルールが出来上がっていると、もしそのルールを忘れて3段目に置こうと親やきょうだいがしようとするや否《いな》や、2歳になるかならないかの子どもでも、そこに置いてはだめと身振りや声で止めようとします。それはその子が個人的にいやだと思うからではなく、みんなが共有すべきルールを破っているとわかるからだと考えられます。子どもが覚えた歌を友だちに教えるとき、間違えて歌うと直そうとします。そのようにして、自分も仲間もみんなが共有する知識を持とうとする。そこからひとつの共同社会は共通する知識を持つことになります。それが文化的な知識になるわけです。

利他性と言語の起源に関する重要な実験研究を積み重ねて、いま世界的に注目されている研究者トマセロは、文化的知識が、模倣学習、教育学習、そして共同学習の3段階を経て発達的に学習されるという理論を提唱していることで有名です。これは私がここで個体学習、観察学習、教育学習の3段階で進化的に学習様式が発展してきたと述べているのと、似ています。しかしトマセロは個体学習は射程に入れていません。それは文化的知識があくまでも他者から伝わるもの、あるいは他者とともに作り出すものであり、自分ひとりで生み出すものと考えていないからでしょう。ですから、まずは心の理論を獲得したときにできるようになる模倣学習から始まり、教育学習へと進みます。しかしその先として、仲間どうしで共同で活動する中で対等の立場でゲームや遊び方のルールを作り出してそれを共有するという、創造性を含んだ「共同学習」の段階に達すると考えています。

異年齢集団での教育

このように子どもどうしで小さな社会を作り、そこでルールを創造することができるようになる。そうして作られたルールを新しい仲間に教える。

この様子は、狩猟採集民の子どもたちの遊びのスタイルとまさに一致しています。子どもたちは、たいてい異なる年齢が入り混じって遊んでいます。5〜6歳のしっかりした子どもが、まだよちよち歩きの幼児の手をとり、ときにはまだ赤ん坊の子を背負って、いっしょに森に昆虫や小動物を取りにいったり、木のツルにかわりばんこにぶら下がってブランコのように遊んだりする様子はほほえましい限りですが、それはまさに長い子ども期というヒトの生活史の特徴と、その中で模倣・教育・共同学習ができる生物学的能力を持った子どもたちが、集まっていっしょに過ごすという社会的特徴が作り出した現象ということができるでしょう。

先にお話ししたように5～6歳になれば、脳の大きさは大人の9割に達し、ものごとの理屈や善悪の分別もある程度つくようになり、身体的にも歩いてどこまでもいけるくらいに成長しています。ですので、小さい子どもに大人さながらに遊びのやり方や仲間の中での秩序のルールなどを言ってきかせることもできるようになります。こうした異年齢集団の中で、年上の子のしていることを年下の子が模倣する、年上の子が年下の子に教える、そしていっしょになって新しいルールを作って共有するという文化伝達が自ずと生ずるようになります。

ここでも子ども期の長さが、こうした学習を生じさせる重要な生物学的条件を与えているのです。人間が、特に他人に教える能力、他人から教わる能力という教育学習の能力を、個体学習や観察学習の能力とともにあわせ持った動物種であることが、トマセロの理論の中でも重要な位置を占めているといえるでしょう。

大人の模倣から学ぶ

彼らの遊びの中には、大人の生業活動を模倣したものがたくさん含まれていることが知られています。それが槍やわなを使った狩猟ごっこ、農耕民が乗る自動車やバイクを模したおもちゃを作って遊ぶといった行動です。彼らは、日ごろ見る機会のある大人たちのふるまいを、子どもなりに取り込んで「学習」しています。もちろん「学習」などという意識はありません。それはあくまでも「遊び」ですが、その中に社会的ルールや技能（それらがどれだけ単純で表面的なものであれ）の学習という要素が埋め込まれています。

こうした社会的学習のあり方は、日本をはじめ、西欧文明でも、比較的最近まで日常的に見られていたものでした。特に農耕や牧畜、漁労といった、大人が子どもたちのいる同じ生活の場で生業を行っているところでよく見られましたし、都市化された社会でも、豆腐作りやちょうちん作りのような家内生産では、親の仕事の真似をする「ままごと」のような模倣遊びが文化伝達の重要な機会だったといえます。

古典落語には、江戸の町奉行の取り調べの真似をして遊ぶ子どもたちが描かれています。これは作り話ですから真偽のほどは定かではありませんが、同心や与力の家族は奉行所を見学することができたそうですので、彼らの子どもが親から聞いた話から想像を膨らませて、評定《ひょうじょう》ごっこをしても不思議ではないでしょう。ソクラテスがアテナイで死刑に処せられたのも、彼が街中で偉い人たちを捕まえて哲学的問答をし、論破する様子を、若い世代が自宅でも真似して大人たちをやりこめ、社会の秩序が脅かされると思われたことが一因だったといいます。

知識の透明性

考えてみると、いまの子どもたちが、親の職業を自分たちのごっこ遊びに取り入れるという様子は、ほとんど見られません。その原因は第一に親の職場が自宅や子どものいるところと切りはなされてしまっている場合が多いということ。そして第二に仕事の内容が複雑でわかりにくく、子どもの知識の運用ではすまない場合が多いということでしょう。これはいずれも、子どもにとって大人が生きる姿が「不透明」になっているからにほかなりません。それに対して狩猟採集の社会は透明性がとても高く、大人のやっていることはほとんど子どもに筒抜けです。自分が将来、どのようにして生活していくかも、子どもの目から見てよくわかります。

つい最近まで、子どもの身の回りの文化は、大人の創ったものとはいえ透明性の高いものでした。基本的な衣食住に関する知識を見ても、食材は自分たちの住む土地にある農地や森林、牧場でとれたもので大部分がまかなえ、あるいは出所のわかりやすい商品を市場で購入すればよかった。建てられた家屋や身につけている衣服の素材や技術についても同様です。そこに不透明なものが入り込んできたのが、おそらく産業革命以降に導入された科学技術によって大きく発展した機械的・化学的製品の登場でしょう。それまでも鉄鋼製の農具や手織りの布地などはあったでしょうが、それが大量に生産され、さまざまなものに利用されるようになりました。それが可能になる過程で、多くの力学的・化学的な知識が発見、発明されて、一見しただけではとても子どもが入り込める余地のない仕事の成果物によって、身の回りのものが取って代わられるようになったのです。それが「近代」でした。

見てわかるもの、つまり透明な知識は、基本的に教育学習を必要としません。それらは観察や模倣といった形式の学習と、自分自身での創意工夫、つまり個体学習で習得し洗練させることができます。しかし**難しい知識、観察や模倣では到達できない知識は、それを使えるようになった人からの説明や指導を必要とします。**教育が、行動レベルから活動レベル、制度レベルに高度な組織化をもとめられ、いわゆる学校のような教育のための特別の社会的装置が爆発的に普及したのも、特に18世紀以降の産業革命以後のことでした。

考えてみれば、学校が普及する前から教育による学習を必要とされた知識領域として、宗教的知識、そして文字や数字など視覚シンボルの知識があります。これらもただそれを使っている人の日常を見ているだけでは学習しづらいものばかりであることに気づかされます。お坊さんや牧師さんは、彼らが頭の中に持つ宗教的知識によってその仕事を行っています。そのために多くの経典や聖書の知識の習得がなされていました。官僚たちが国の歴史や納入された税の額などを記録に残すために発明された文字とその使い方は、必ずしも話し言葉と対応しないそれ独自の決まりごとから作られている場合が多いので、やはりまとまって教わる必要がありました。

宗教や言葉の体系に準じて教育の対象となるのは社会的ルールでしょう。特に禁止事項や忌避事項は、狩猟採集の社会でも真っ先に「教えるべきこと」として、親から、主として「罰」によって伝えられます。怒鳴られたり、叩かれたり、わざと苦痛を与えたりといった、今日では「体罰」として真っ向から否定される教育方法である「罰」が、しかし教育方法としてもっとも古くからの原初的な形としてあったということを意味します。この点をどう考えればよいのかは、教育学的にとても難しい問題をはらみますが、基本的に社会的ルールは、人間ははじめのうちは、己の欲するところに従うと矩《のり》を超えてしまう、つまり利己的なふるまいが他人に迷惑をかけることになるので、自分を律して、他者のためになるようにふるまうことを学ばせることにその主眼があります。

この自己抑制と利他性は、宗教が人々に教える徳目でもある、おそらくヒトという種にとって教育を必要とする、科学的知識以前のもっとも普遍的な知識領域だったと考えられます。両者はそれ自体は生得的にわれわれがあわせ持ったものです（自己抑制と利他性の脳神経基盤については第5章で述べられます）。しかしそれをどこでどう発動するかのルールは社会ごとに異なり、しかもそれは利己的な欲求としばしば競合するために、自分でわからない

（個体学習では学べない）人や他人の様子を見てもわからない（観察学習でも学べない）人は、どうしても教育学習が必要となるわけです。

いま人工知能（ＡＩ）が脚光を浴びています。ビッグデータから自ら学ぶディープ・ラーニングによって、人間が何万年かかっても処理できないようなパターン認識を行い、適切な解を導き出すことができるようになって、いずれ人類の脳の情報処理能力を超えるとき――シンギュラリティー――が訪れるとすらささやかれています。しかし現在のところ、人間が漠然とつかっている「常識的判断」ができるＡＩを実現できるめどはまだ立っていないという専門家もいます。いずれにせよ人間は表から見ただけではさっぱりわからない膨大な知識を駆使して生きており、その知識は人類が滅亡するまで増えつづけてゆきます。

その中には、たとえばこちらに向かってくる物体の軌跡を予想して、自分に当たりそうだと感じたら即座によける知識、他人があるパターンの表情をすればそれは喜んでいる、あるいは悲しんでいると判断するための知識、草花は生きていて生長しやがて死ぬが、石ころには命がなく何もしなければずっとそのままの状態であるという、あたりまえに誰でも知っている常識的な知識があります。その知識を人工知能のようにすべてゼロから学習によって学んでいるとは到底思えません。むしろもともと生きるために必要となるであろういくつかの領域、たとえばいまあげたような物体の動き（素朴物理学）や他者の心の状態

（素朴心理学）、生き物についての知識（素朴生物学）、数の多少を判断する素朴な計数能力が、一次的知識領域としてあらかじめ備わっているという人もいます。

文化的知識の少なくともある程度までは、このような一次的な知識をもとにして作り出された二次的知識なのかもしれません。たとえば素朴物理学をもとにして動力学を、素朴生物学をもとにして生命科学を作り上げているのかもしれません。そこでその素朴理論が人の理解に与える癖を利用した教育を考えようという動きも出てきています。

教育が必要な知識とは

さて、ここで教育を考えるうえで難しい問題が立ち上がってきます。それはどんな知識が透明で可視的で、教育という手段に依存しなくとも、個体学習や観察学習で学ぶことができ、またどんな知識が不透明で教育によらないと学習できないかという問題です。

たとえば「愛国心」は教育によらねば学べない不可視な知識や態度なのでしょうか。少なくとも私にとって愛国心というものは、オリンピック観戦や海外旅行で異文化に触れたとき、日本人であることを思わず自覚したり、歴史遺産や芸術作品など日本人の作り出した心打たれる文化に心から感動したときに自ずと喚起されるもので、それは個体学習や共同学習によって学ぶ機会が与えられるものだと思われます。また結果として、人によって愛国心を強く抱く人、それを拒否する人、愛憎入り混じる人、無関心な人など、いろいろ生まれるものでしょう。少なくとも国旗や国歌や愛国心を描いた教材によって、英語や数学と同じように知識として一律に学習されるものとは思われません。

一方、道徳心は、それこそふつうに友だちや先輩たちと付き合う中で自ずと学べるもので、学校の授業で「人に優しくしましょう」「命を大切にしましょう」などと教わる必要などないと思われがちです。しかし自分の住む世界からは想像のつかない生き方をしている人たち、たとえば日本と大きく異なる文化的・経済的・政治的状況の社会で生きている人々（イスラム世界やアフリカの狩猟採集社会など）や、同じ日本でも異なる生物学的・社会的条件の下で生活している人々（たとえば性的マイノリティや被差別部落に生まれた人々など）については、やはり個人の限られた経験で個体学習や社会学習をするだけではわかりにくいものです。そういう人たちとも直接・間接に結びついているのが社会というものですから、その中で道徳的に適切に考えたりふるまったりするには、やはりきちんとした道徳教育、しかもただ徳目を聞かされるだけでなく、リアリティを持って自分と異なる生き方をしている人たちの置かれた状況や気持ちを想像でき、そのうえで考えることができるようになるための教育が必要であるように思われます。こうした問題はまだ科学的に解明されていない大問題だといえます。

ヒトの学習と教育について生物学的に、特に進化的に考えるという視点は、科学の世界でもまだ一般的とは言えません。ですので解明されていないことはまだまだたくさんあります。しかし第2章や第一部全体で説明してきたように、ヒトは生きるうえで必要となる知識を学ぶうえで、教わることを教わるままに学べるわけではなく、進化的に獲得してきた生物学的特徴をふまえて学んでいるのであり、文化的に創られたと思われる教育制度すら、そうした生物学的特徴を反映している可能性があるということを理解してほしいと思います。

次の第二部では、そのような教育や学習を規定するもうひとつの重要な生物学的特徴である遺伝について考えてゆきます。

第二部　教育の遺伝学

第3章　個人差と遺伝の関係

1　教育と遺伝――残酷な事実？

行動遺伝学が明らかにすること

これまで、ヒトは教育によって生きる動物であるという話をしてきました。もしヒトが教育によって学ぶように生物学的に作られているなら、いわば誰もが直立二足歩行ができるように、誰でも教育によって学ぶ能力を等しく持ち、みなが等しく同じことを教えられ、そして教えられたことをきちんと学ぶことができそうなものです。そうすれば学業成績の差などないはずでしょう。それなのに誰もが知っているように、成績には歴然とした差が生じます。なぜ成績のいい人と悪い人がいるのでしょう。同じように学校で机を並べて同じ先生の話を聞いているのに、なぜテストをすると成績に差ができてしまうのでしょう。

本章では、その原因に遺伝的な個人差が大きく関わっているという、とてもやっかいな、しかし生物学的にはあたりまえの話をします。

家庭環境の差ももちろんあります。本人の努力や先生の指導の仕方の差も多少はあります。しかし学業成績の個人差の一番大きな要因は遺伝的な差です。これは行動遺伝学研究で繰り返し見出され、一貫した結果の得られた知見です。しかし少なくとも今日、このことはタブーとみなされ、指摘されることはほとんどありません。むしろ、生まれつきの能力にかかわらず、よい指導を受ければ、そしてきちんと努力すれば、学業成績は上げることができるということだけが強調されます。そして遺伝については「それを言っちゃあおしまいよ」と先生も行政も口を閉ざしています。その結果、成績が悪いのは教え方が悪いか、本人の努力不足のせいにされています。

しかし**行動遺伝学のエビデンスは、先生の教え方や本人の中で変えられる要因の違いの影響はわずか、数字にすると大きく見積もっても全体の20％程度、それに対して遺伝の影響は50％、そして残り30％は家庭環境の違いであることを示しています。**これは学習者本人ではどうすることもできない遺伝要因と家庭環境で、なんと80％が説明できてしまうということを意味しているのです。

すべての人に学習は必要

この話を初めて聞いたとしたら、驚かれた方も少なくないでしょう。絶望のどん底に突き落とされたとしても不思議はありません。特に成績の悪い人は「もうやめたやめた、勉強なんてやってらんねぇや」と自暴自棄になってしまうかもしれません。逆に成績のいい人は「ラッキー、じゃあもう勉強しなくても平気じゃん」と慢心し、親や教師は「それでは教育なんか意味がないではないか」と思うでしょう。しかしそうだとしたら大誤解です。

この結果はあくまでも子どもたちみんなが学校に通って曲がりなりにも教育を受けているという、いまの教育制度がきちんと働いていることを前提とした結果です。第一部を通じて述べてきたように、ヒトは生きるための知識を自分ひとりだけで行う個体学習や、ただ人のふりを真似する観察学習だけでは、十分に学ぶことはできないため、教育を必要としたのでした。そして現在の子どもたちは、ほぼあまねく学校教育を受けています。そうした条件の下で生ずる学業成績の個人差に及ぼす遺伝と環境の影響の割合を言っているのであって、遺伝の影響が大きいのだから、教育を受けなくとも勉強しなくとも、勝手に学力が身につくという意味ではまったくありません。

たとえば言葉、そして言葉が伝えるさまざまな知識とその知識が作り出す意味世界。それが社会の成り立ちを表す言葉であろうと、人の心の様子を表す言葉であろうと、世界の美しさを語る言葉であろうと、自然の仕組みを表す言葉であろうと、私たちの社会で使われている多様な言葉の何をどの程度の理解度で知るかで、あなた自身の生き方が違ってきます。法律や社会制度に関する言葉が作り出す知識とその使い方を知ることで、あなたの社会の中のふるまいがどのような約束事で守られ、自分の素質を生かすチャンスをどう実際につかみ取り、何をすると人に迷惑をかけてしまうかがわかります。古今《ここん》東西のすぐれた文学が描いた、人の生き方や感じ方、考え方についての言葉が心に刻み込まれている人は、同じものを見ても、それを知らない人よりも、そこから自分にふさわしいたくさんの意味や感情や思想をつかみ取ることができ、私たちの生きる世界の理解の仕方と、あなたの人生のその瞬間を豊かなものにしてくれたり、あなたそのものを救ってくれるときすらあるでしょう。はるか昔に起こった私たちと同じ人間の成し遂げた仕事や事件やそれらを生み出した考え方について思いを馳せることができる人は、いまここに生きる私たちが、なぜそのような生き方をするに至ったのか、それ以外の可能性はなかったのかを、それを知らない場合よりも冷静に考え、これからあなたが生きていくことになるであろう世界の選択肢を増やしてくれる可能性があります。

たとえば数学、そして数学が切り取る世界の法則や、数学そのものの美しさをどのくらい理解し、どのくらい使えるかは、世界がなぜこのようにできているのか、それ以外のどのような可能性があるのか、そしてどうすればより美しい世界を作り出すことができるのかへの洞察に差をもたらしてくれるでしょう。

この世界は、そうした知識を使って作り上げられ、また社会の成員によって理解されているのですから、それらを学ばなければ生きていくことができません。それぞれの知識の習得に対する遺伝的素養の適合度合いによって理解の深さや範囲は異なるでしょう。ひょっとしたら誤解してしまっていることもあるでしょう。それでも**可能な範囲で、この世界についてわかっていること、この世界を成り立たせていることについて、その人の遺伝的素質に沿った形で理解しておくこと、そしてより深く知ろうとし続けることは、その人の人生においてより確信に基づいた意思決定を可能にし、その人の生き方を左右することになります。**

もしこの世界を支えている知識を、その知識の使い方に関して才能のある人たちが引き継ぐことなく、学び損ねてしまったら、世界のその部分が維持されなくなってしまい、それによってさまざまな問題が生ずる可能性がでてきます。しばらく前、ＪＲ北海道で数々の車両故障や線路の整備不良が続出したことがありました。それは、国鉄時代の熟練技師たちをいっせいに解雇し、北海道特有の自然条件がもたらすさまざまな問題の解決のための知識が、次の若い世代に伝えられていなかったからだったと地元の方にうかがいました。真偽のほどは検証していませんが、おそらくある職業集団や会社組織やスポーツチームの「伝統」を支えていた知識が、ある世代で断絶して、その伝統が失われるということは珍しくないでしょう。

このように、知識をどのように学んだかが、あなたの人生に関わり、社会の維持に関わってきます。そしてその知識を得るためには、遺伝的素質のいかんにかかわらず、何らかの形での学習が必要となります。いずれの知識も、人類史を通じて、この世界に関して人間が知りえた膨大な知識であり、しかもそれらは直接は目に見える形で表現されていないことがほとんどですから、ただ日常性に埋没し、目先の仕事をこなすことだけに汲々《きゅうきゅう》としていたのでは知りえないものです。それをいまに伝え、表現し、それをあなたにわかるように教えてくれる人の「教育」がなければ、気づくことも、習得することもできないのです。

教育による学習をどう利用するか

そうした人類知のエッセンスをまがりなりにも組織的に伝えるべく社会制度としてつくり出されたものが「学校」でした。

この仕組みが、私たちが生きていくうえで必要となる知識の習得の装置として最良の仕組みかどうかはわかりません。事実、学校に容易に適応して適切に学習ができている人もいれば、反対になまじ学校があったおかげで学習することを拒絶してしまう人、学校によらない学習をしたほうがその人にとってよい学習ができる人もいるようです。また農耕や牧畜、漁業、林業など、長年にわたって自然資源に向かい体を使った労働を通して学習される言葉にできない身体知、ビジネスやものづくりの世界で使われる自己制御能力や人間どうしの駆け引きに関する一般には知識とみなされない経験で培《つちか》った知恵など、この社会の中で生きていくうえでまさに力になる生業に関する知識は、経験者の話を聞いたりしたかだか数日程度の実践体験のようなキャリア教育で体得することは不可能な知識であり、それはそもそも学校教育で学ぶことはできません。ですので学校にこだわって、生きるための学習をそのように限定して考えてしまっては、学習と教育の本質を見失いかねません。

教育によって学ぶというのは、ヒトがこの世界で生きていくために自然が備えた基本的な学習方法ですから、学校以外の場面でも、たとえば親方と弟子とか、仕事仲間の間とか、刊行されている書籍やパンフレット、テレビやインターネットの情報など、さまざまな方法で私たちは教育をし、教育されています。これについては、次章で取り上げますが、学校でのテストや入学試験の結果などという表面的なレベルではなく、まさにあなたがあなたの人生をどのように理解し、どのような可能性を将来に見通して、どのように生きるかに関わる知識を、他者の手助けを通じて学び続けることが重要なのです。

ただ一方で、いまの私たちの社会で学習をするための制度として作り上げられた学校教育という枠組みの中で、その成果を学業成績の個人差に見たとき、そこに遺伝の個人差が大きく現れています。また後述するように、学業成績に限らず、あらゆる能力には学業成績と同様にそれぞれに遺伝的な影響があります。その事実が認識されず、むしろ遺伝的個人差を無視したり過小評価したりして、環境と努力がすべてであるような誤った学習観がはびこっている現状を看過することはできません。

ですので、一般にはあまりはっきりと触れられることのない能力や行動の遺伝に関する科学的事実を、あえてお伝えしてゆきます。あわせて、その科学的事実をふまえて、私たちが生きるうえで欠くことのできない教育による学習というものをどう考え、どう利用すればいいのかについても、考えていきたいと思います。

2　行動遺伝学とは何か——双生児法のロジック

遺伝の影響を知るための実験

地球が丸いという事実は、日常生活の中ではほとんど実感することはありません。同じように、学業成績に遺伝が関わっているという事実も、学校生活の中ではなかなか感じにくいのではないかと思います。あるいはそう思わないようにしているかもしれません。確かにがんばってもなかなか覚えられなかったり、理解できなかったりすることはあるけれど、もっと時間をかけさえすれば、もっと工夫して勉強すれば、あるいはわかりやすい指導をしてもらえれば、できるようになる可能性はまだあるだろう、だから遺伝のせいだと決めつけるのは避けておこうと考える気持ちはよく理解できます。

地球が丸いことは、ロケットで宇宙から地球を眺めなければ本当には実感できません。いくら遠くからやってくる船が帆先から見えてくるからと言われても、そんな遠くの船影なんか錯覚と区別がつきそうにありません。日常とは異なる視点に立つことが必要です。遺伝についてもそうです。いくら親子が似ているといっても、それは遺伝ではなくてその親に育てられたからだという可能性を否定はできません。これがマウスやショウジョウバエのような実験動物ならば、遺伝子に人工的に改変を加えて、その遺伝子の影響を調べることもできますが、ヒトを対象にそれをすることは許されません。それでも遺伝の影響を見えるようにするための、日常とは異なった方法のひとつとして、昔——といっても20世紀の初頭——から用いられてきたのが「双生児法」です。

双生児法

学業成績に及ぼす遺伝の影響が50％、家族で共有される家庭環境の影響が30％、同じ家庭で育ちながらも一人ひとり独自な環境の違いや自分なりにできる努力や工夫の違いが残り20％と数値を出すことができるのが双生児法です。これからその双生児法のロジックをご紹介し、遺伝の影響が50％とはどういう意味なのかをご説明します。

ここで学業成績は、単純に学力テストの得点を使います。つまり数値化された量的な形質として扱うわけで、それは身長や体重などと同じです。双生児法のロジックは、もともと量的遺伝学という、これも20世紀初頭からある伝統ある古典的なメンデル遺伝学の一部門の理論にのっとったものです。量的遺伝学は、農産物や畜産物の収穫量を上げるための育種学という実用的な科学の基礎として威力を発揮し、具体的に特定することはできないたくさんの遺伝子の集合体の効果を扱う科学です。つまり小麦がどれだけたくさん穫れるかにかかわる遺伝のメカニズムと、学力テストでどれだけ高い点が取れるかに関わる遺伝のメカニズムを、いずれも結果として得られた数値にだけ着目して、同じ理論で扱ってしまおうというわけです。

遺伝の影響を明らかにするには、遺伝以外のすべての条件を同じにしたところで、遺伝条件だけを変化させ、それによって変わる影響の大きさを調べる必要があります。それをヒトで可能にするのが双生児法です。

双生児、つまり同時に生まれた二人のきょうだいには、遺伝的にまったく同じである一卵性双生児と、ふつうのきょうだいのように互いに半分の遺伝子しか共有していない二卵性双生児があります（遺伝子は二つ対で一つの機能を持ち、子どもに受け継がれるときそのうちの一方がランダムに伝達されますから、あなたの持つある一つの遺伝子と同じ遺伝子をあなたのきょうだいも持つ確率は二つに一つで50%、つまり半分、それがすべての遺伝子について成り立つので、全体としても期待される遺伝子の共有度は50%となります)。どちらの双生児も母親の子宮や生後の家庭環境に差はありませんから、遺伝条件だけが異なる二種類の双生児きょうだい関係があるわけです。

このことから、たくさんの双生児のデータが得られたとき、もしも一卵性双生児のほうが二卵性双生児よりも類似していたら、そこには遺伝の影響があるということはおわかりいただけるでしょう。その差が大きければ大きいほど、遺伝の影響の強さも大きいことも理解していただけると思います。またもし一卵性にも二卵性にも類似度に差がなく、それでもきょうだい同士が似ていたとしたら、それは遺伝の影響ではなくいっしょに育った環境(共有環境)の影響があったといえるわけです。さらに一卵性も二卵性もどちらもぜんぜん似ていなかったとしたら、つまり遺伝にも環境にも、双生児のきょうだいを類似させる原因がなかったとしたら、その形質の個人差にかかわっているのは家族関係やきょうだい関係とは無関係に、一人ひとりがてんでんばらばらに経験する独自の環境(非共有環境)の影響ということになります。

ここで「類似度」を表す指標は統計学で「共分散」あるいは「相関係数」と呼ばれる数値です。「相関係数」は高校の数学で出てくるものなので、習った方もいることでしょう。

二つの相伴って変わる値のペア（たとえば身長と体重、英語の成績と数学の成績、残業時間の長さとストレス度など）の一致度や量的関係性の強さを表し、完全に一致していたら1、無関係なら0となるような数値です。これは数学的には二つの数値ペアのセットの「共分散」をそれぞれの数値のばらつき（標準偏差）で割って調整したものですので、「共分散」と「相関係数」は基本的には同じものと考えてよいでしょう。「身長と体重」や「残業の長さとストレス度」などがまさにそうですが、背が高ければ高いほど体重は重くなる、残業が長ければ長いほど日ごろ感じるストレスも大きくなる、けれどその関係性は完全ではなく、図3－1に示すように程度問題です。その程度の強さが0から1の間の数値の大きさで表されます（この数値の計算式の説明は省略します。また脚力と100m走のタイムのように、一方が大きいと他方が小さくなる場合は、この値はマイナスになります）。

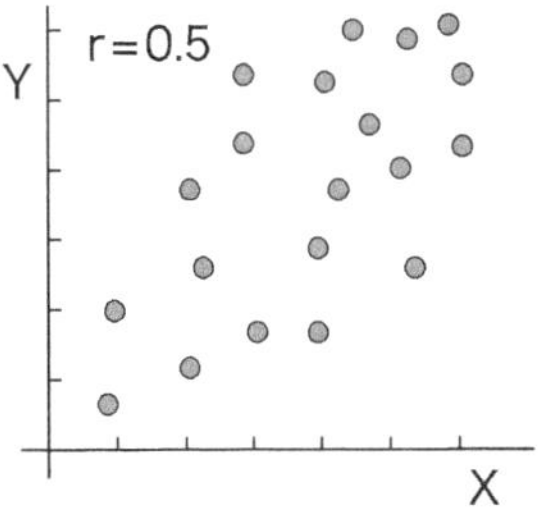

図3-1　相関係数（これだと相関係数 r は0.5くらい）

共有環境／非共有環境の寄与率

共分散や相関係数は、その統計学的な性質から、元になる数値を成り立たせている諸要因の効果に分解でき、その和として再構成できます。行動遺伝学の話の中では、たとえば学業成績に関する双生児きょうだい間の相関係数という類似性を表す指標は、その類似性を成り立たせているきょうだい間の遺伝要因の効果と環境要因の効果にわけて、その和として表されます。

たとえば英語の成績の一卵性双生児の相関が仮に0・8、二卵性双生児の相関が0・6だとしましょう。一卵性双生児の相関(類似性)を成り立たせているのは遺伝の類似性と環境の類似性ですが、一卵性双生児ですから遺伝は完全に一致しています。一方、二卵性双生児の相関も同じように遺伝の類似性と環境の類似性の和からなりますが、二卵性は一卵性と比べたとき、遺伝子を半分しか共有していませんので、その類似性への寄与率は一卵性の半分になります。一方、きょうだいを類似させる環境(共有環境)は一卵性も二卵性も同等とみなしてよいでしょう。

ここで中学1年生で習う簡単な連立方程式を用いて説明しましょう。

英語の成績について双生児きょうだいの相関に及ぼす遺伝の類似性の寄与率をx、環境の類似性の寄与率をyとすると、一卵性の相関0・8を成り立たせているのは、

0.8＝x＋y(遺伝の類似性の寄与率と環境の類似性の寄与率の和)…(1)

二卵性の相関0・6を成り立たせているのは、

0.6＝1/2x＋y(遺伝の類似性の寄与率の半分と環境の類似性の寄与率の和)…(2)

この式（1）と式（2）を連立方程式とみなしてとけば、

x＝0.4, y＝0.4

つまり遺伝の寄与率（遺伝率）が40％、共有環境の寄与率が40％ということになります。

ここで遺伝率40％と共有環境の寄与率40％を足しても80％にしかならず、100％に達しませんね。それは当然です。遺伝と共有環境は、あくまでも双生児のきょうだいを類似させる要因の寄与率だからです。遺伝も共有環境も同じである同環境で育った一卵性双生児の相関も、完全な一致を表す1ではなく0・8でしかありません。この1に満たない0・2、つまり20％は、同じ環境で育ちながらも似ていない程度、つまり一卵性のきょうだいですら共有しない、一人ひとりに固有で独自な環境の影響の程度を表したものといえます。これを「非共有環境」の影響と呼びます。

ちなみに式（1）と式（2）の左辺にくる一卵性の相関と二卵性の相関の値をそれぞれ一般化して

［一卵性相関］＝x＋y　　…（1）
［二卵性相関］＝1/2x＋y…（2）

と表せば、

遺伝率＝2×(［一卵性相関］−［二卵性相関］)

共有環境の寄与率＝2×［二卵性相関］－［一卵性相関］

非共有環境の寄与率＝1－［一卵性相関］

という簡単な公式で表せます。特に遺伝率を求める公式を、著名な量的遺伝学者の名を冠して「ファルコナーの公式」と呼ぶことがあります。

測定値の安定性

そんな簡単に遺伝と環境の寄与率を出せるなんて、ちょっとうそ臭いと思われた方もいるでしょう。英語の学力という実態のよくわからない複雑な内容を伴った「能力」に及ぼす遺伝子の働きなどといったらとてつもなく複雑なうえに、英語のどんな内容をどんな仕方で学習したのかも人によってさまざまに違う、その両者のとてつもなく複雑な現象に対して、こんな単純な方程式で遺伝と環境の寄与を求められるはずはないじゃないかと思われる方もいるのではないでしょうか。

それでは同じ数値を英語の学力ではなく、目で見ればわかる「身長」に当てはめたらどうでしょう。身長ならば物差しで測れば客観的にその数値を示すことができる単純な形質なので、こうした単純な計算でもよいように思われます。確かに英語の学力は目に見えず、定義もあいまいで、とても複雑な形質であるのに対し、身長は見ればわかるし、直立姿勢のときの足のかかとから頭のてっぺんまでの長さと明確に定義できる単純な形質のように思われても無理はありません。

しかしよく考えてみてください。身長を作っている要素は、体を作っている非常にたくさんの骨の一つ一つの長さや形、姿勢に関わる筋肉や内臓のつき方など、きわめて複雑な要素から成り立っています。それにまだ直立できない赤ちゃんの身長や、腰の曲がってしまった老人の身長はどう定義すればいいでしょう。そう考えると、英語の学力も身長も、その構成要素の複雑さや、定義のしにくさという点で大差がありません。そしてその個人差を数値に表してしまえば、どちらも同じように扱えます。

むしろ重要なのはその数値の信頼性、つまり何度測っても同じ値になるかという、測定値の安定性です。身長は朝測っても夜測っても1週間後に測っても、たいした違いはないはずです。しかし学力は出された問題がヤマにあたるかや、前日の一夜漬け、あるいはそのときの気分や調子によって大きく変わりやすい、信頼性のないものと思われるでしょう。身長よりは英語のテストの得点のほうが安定性が低いことは確かです。

しかしTOEFLやTOEICのように、科学的にしっかりと検討された問題から作られたテストであれば、その得点は短期間にそれほど大きく変動はしないことが知られています。みなさんの教室でも、英語が得意な人は、単語でも文法でも読解でもだいたいどんなテストでも、いつやっても、たいていよい成績をあげているでしょう。歴史が得意な人は、どの時代についてどんな形式で聞かれても、概してよい成績をとることができます。能力というのは、一定の範囲であればかなり安定しているものであり、第4章でも触れるように心理測定学を用いてテストの尺度化をきちんと行えていれば、信頼できる結果を得ることができます。同一人物の知能検査の再テスト信頼性（1週間から一月ぐらいあとで同じ問題をもう一度やってもらったときの得点間の相関）は0・8くらい、つまり一卵性双生児のきょうだい間の相関と同じくらいです。

「輻輳説」と「相互作用説」

それでもやはり遺伝と環境の寄与をこんな簡単な足し算で表していいのかと考える人があとを絶ちません。いまでも心理学の標準的な教科書では、遺伝と環境を足し算で表すのは「輻輳《ふくそう》説」と名づけられ、両要因間のダイナミックな相互作用を考慮しない古くさい考え方として紹介されており、それに代わって両要因が常にやり取りしながら動的に行動を生み出すという「相互作用説」が遺伝と環境の関係を考えるときの正しい考え方だと書かれているものが少なくありません（おそらく教員や保育士の採用試験では、いまでも、遺伝と環境をめぐる理論の歴史は、昔のある偉い日本の心理学者が書いたとおりに、「遺伝説」「環境説」→「輻輳説」→「相互作用説」と発展したと答えるのが正解とされているようです）。また今日では、分子生物学が着目しているエピジェネティクス（DNAにくっつく分子によって、遺伝情報の発現が調節される後天的な化学的メカニズム）を強調して、この相互作用説の現代的な科学的根拠と考える人もいます。しかしこれらは現象を捉える視点がそれぞれ異なっており、このように併置してその妥当性を比較したり、その中で特に相互作用説が正しいとみなせるものではありません。

遺伝と環境の足し算

遺伝と環境の寄与を足し算で考えるというのは、それぞれの要因の表現型の個人差におよぼす効果量の大きさを比較するという意味で、心理学的にも生物学的にも妥当であり、ある意味であたりまえの捉え方です。それはこのように考えます。

学力の高い人もいれば低い人もいます。学力の高い人の中には、もともと遺伝的素質があって、ふつうに学校で授業を聞くだけで自分の「地頭《じあたま》」で一を知れば十まで考えられるので高いという人もいれば、素質は人並みだけれど親が教育熱心でお金をかけて雇った優秀な家庭教師に補習してもらったから高いという人もいれば、素質は人並みより劣るけれど、自分の夢のために一念発起し、寝る間も惜しんで人の何倍もの時間をかけて勉強したので高くなったという人もいるでしょう。同じように学力の低い人は、素質はあるのにまったく勉強することが許されない貧しく厳しい環境に育ったから低くなってしまった人もいれば、素質は人並みだけれどあまり熱心に勉強しなかった人もいれば、もともと素質がないのでふつうに教育を受けて勉強していても低いという人もいるでしょう。いずれも遺伝（素質）要因と環境要因の和として学力が形作られ、その結果として高い低いの個人差が生まれています。

このことを一覧にして見せたのが図3－2です。ここでは学力の遺伝的素質に「低い、ふつう、高い」の3段階、学力をはぐくむ環境の豊かさとして、「よい、ふつう、悪い」の3段階を想定しています。遺伝的素質にかかわるメカニズムが、神経伝達の速さに関わる遺伝子なのか、大脳皮質のさまざまな部位を結びつけて同期させるのにかかわる遺伝子なのか、はたまた同時に処理できる情報量（ワーキング・メモリ）にかかわる遺伝子なのか、その中身はブラックボックスです。また環境の豊かさについても、親が家で話す会話の知的レベルや家の本棚から手にとることのできる知的良書の冊数なのか、子どもに「勉強しなさい」と声をかける頻度なのか、先生の教え

		遺伝的素質		
		低い	ふつう	高い
環境の豊かさ	悪い	とても低い	低い	ふつう
	ふつう	低い	ふつう	高い
	よい	ふつう	高い	とても高い

図3-2　遺伝と環境の足し算

方なのか、いっしょに楽しく勉強できる友達がいるかどうかなのか、一人で集中して勉強できる環境があるかないかなのか、これもブラックボックスです。何がどれだけかかわっているかわかりませんが、とにかく学業成績の高さに影響を及ぼすきわめてたくさんの遺伝要因と環境要因の総体として、図で表すような遺伝的資質の高さや環境の豊かさがあり、その結果、学業成績には「とても低い」「低い」「ふつう」「高い」「とても高い」の5段階の個人差が生まれるというモデルです。これが「足し算」の考え方です。それほど不自然な考え方ではないでしょう?

遺伝と環境の関係を数値化する

この図では、遺伝要因の「低い」と「高い」、環境要因の「悪い」と「よい」は、どれも「ふつう」と比べて同程度の寄与の大きさで学業成績を高めたり低めたりすると想定しています。これを数値にしてみましょう。遺伝要因で「低い」のは「ふつう」に比べて「−1」ポイント学業成績を低める。同じように環境要因で「悪い」のも「ふつう」に比べて「−1」ポイント学業成績を低めるとします。逆に遺伝要因で「高い」と環境要因で「よい」は、いずれも「+1」ポイント学業成績を高めると考えるのです。「ふつう」はいずれの要因でもプラスマイナス0とします。こうして図3−2を書き換えたのが図3−3です。

		遺伝的素質		
		低い(−1)	ふつう(0)	高い(+1)
環境の豊かさ	悪い(−1)	とても低い(−2)	低い(−1)	ふつう(0)
	ふつう(0)	低い(−1)	ふつう(0)	高い(+1)
	よい(+1)	ふつう(0)	高い(+1)	とても高い(+2)

図3-3　遺伝と環境の足し算関係を数値化する

この図では遺伝要因も環境要因もともに「−1」から「+1」の間で変化しています。その意味で個人差に及ぼす遺伝と環境の影響の寄与率は同等、つまり50％ずつとなります。それがもし図3−4のようだったらどうでしょう。遺伝要因は同じように「−1」から「+1」の間で変化していますが、環境要因は「−2」から「+2」と、前の2倍に広がっています。ばらつきを表す統計量の「分散」にすると、その自乗である4倍の寄与率を持ちます。逆に図3−5では遺伝要因が「−2」から「+2」と前の2倍の広がり、分散にするとやはり4倍の寄与率を持っているのに対し、環境要因はもとのままです。いずれも表現型の全分散は3・75ですが、前者は遺伝分散が0・75、環境分散が3で、その寄与度は1：4、つまり遺伝率が20％であるのに対して、後者は遺伝分散が3、環境分散が0・75で、その寄与度は4：1、つまり遺伝率が80％になります。双生児のデータから導き出された遺伝と共有環境の寄与率に相当するのは、この値なのです。

かくして一卵性双生児と二卵性双生児の類似性を表す相関係数を求めるための数値デー

タを得ることができれば、それが身長であろうが体重であろうが、知能であろうが学業成績であろうが、神経質や外向的といったパーソナリティのテストの得点であろうが鬱《うつ》の程度の高さであろうが、50m走のタイムであろうが毎朝歯磨きにかける時間であろうが、収入であろうが貯金額であろうが、麻薬に手を出したいとどれぐらい強く思ったかであろうが万引きした回数であろうが、流れ星を見た回数であろうが失恋した回数であろうが、納豆をどれぐらい好きかの程度であろうが神様をどれほど信じるかの程度であろうが、およそどんなことでも、その遺伝率と環境（共有環境と非共有環境）の程度を数値で出すことができるというわけです。そういうデータを集めて遺伝と環境の影響の程度を調べるのが、行動遺伝学の最初のお仕事です。

		遺伝的素質		
		−1	0	+1
環境の豊かさ	−2	−3	−2	−1
	0	−1	0	+1
	+2	+1	+2	+3

図3-4　遺伝対環境＝1対2の場合

		遺伝的素質		
		−2	0	+2
環境の豊かさ	−1	−3	−1	+1
	0	−2	0	+2
	+1	−1	+1	+3

図3-5　遺伝対環境＝2対1の場合

さまざまな遺伝率

行動遺伝学の膨大な研究論文がほぼ一貫して示しているのは、どんな行動や心理の側面について見てみても、**一卵性のほうが二卵性よりも類似性が高く、その個人差には多かれ少なかれ必ず遺伝的な個人差がかかわっている**ということです。そのごく一部を紹介したのが双生児の相関係数の比較をした図3－6と、そこから遺伝率と共有環境・非共有環境の比率を算出した図3－7です。

左から知能（IQテストの得点）、日本とアメリカの学業成績、パーソナリティのさまざまな側面、精神病理や発達障害、タバコ・アルコールなどの物質依存、反社会的な行動（これは興味深いので15歳未満と15歳以上にわけて示しています）、経済的指標、政治的態度、性関連行動です。ごらんのように、ほぼどの側面でも一卵性が二卵性より似ていて、遺伝の影響があることがおわかりでしょう。あなたとあなたの仲間たちの間に気になる能力や性格やふるまいの違いがあったとしたら、それはもともとの遺伝的素質が違うことがひとつの大きな要因と考えてほぼ間違いありません。

ただ遺伝の影響は押しなべて見るとだいたい50％からそれより少し少ないくらいのものが多く、**遺伝ですべてが説明できないこともわかります。**つまり環境の差もまた個人差の大きな原因だということです。あなたとあなたの仲間たちの間に気になる違いがあったと

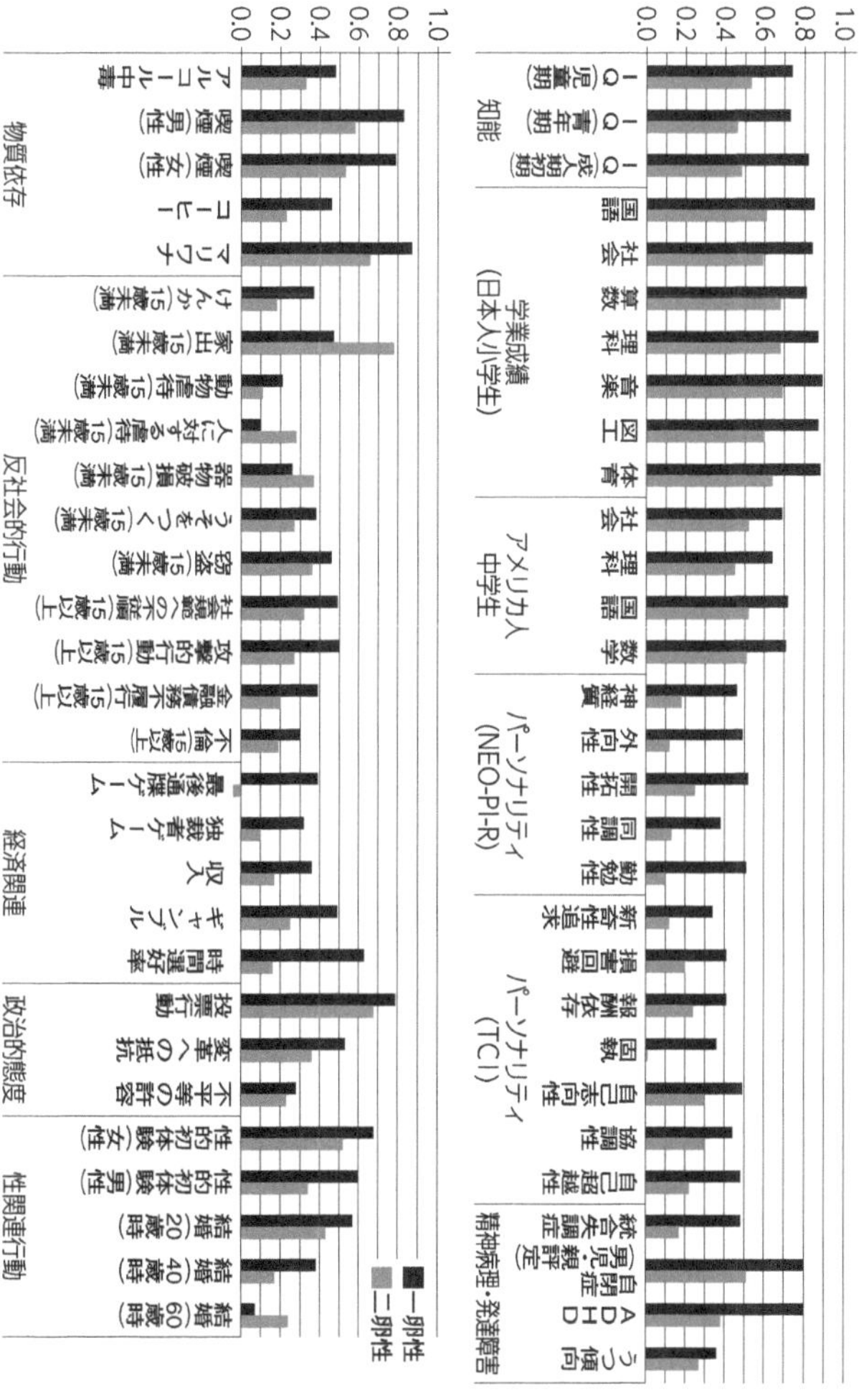

図3-6　さまざまな心理学的形質における双生児相関

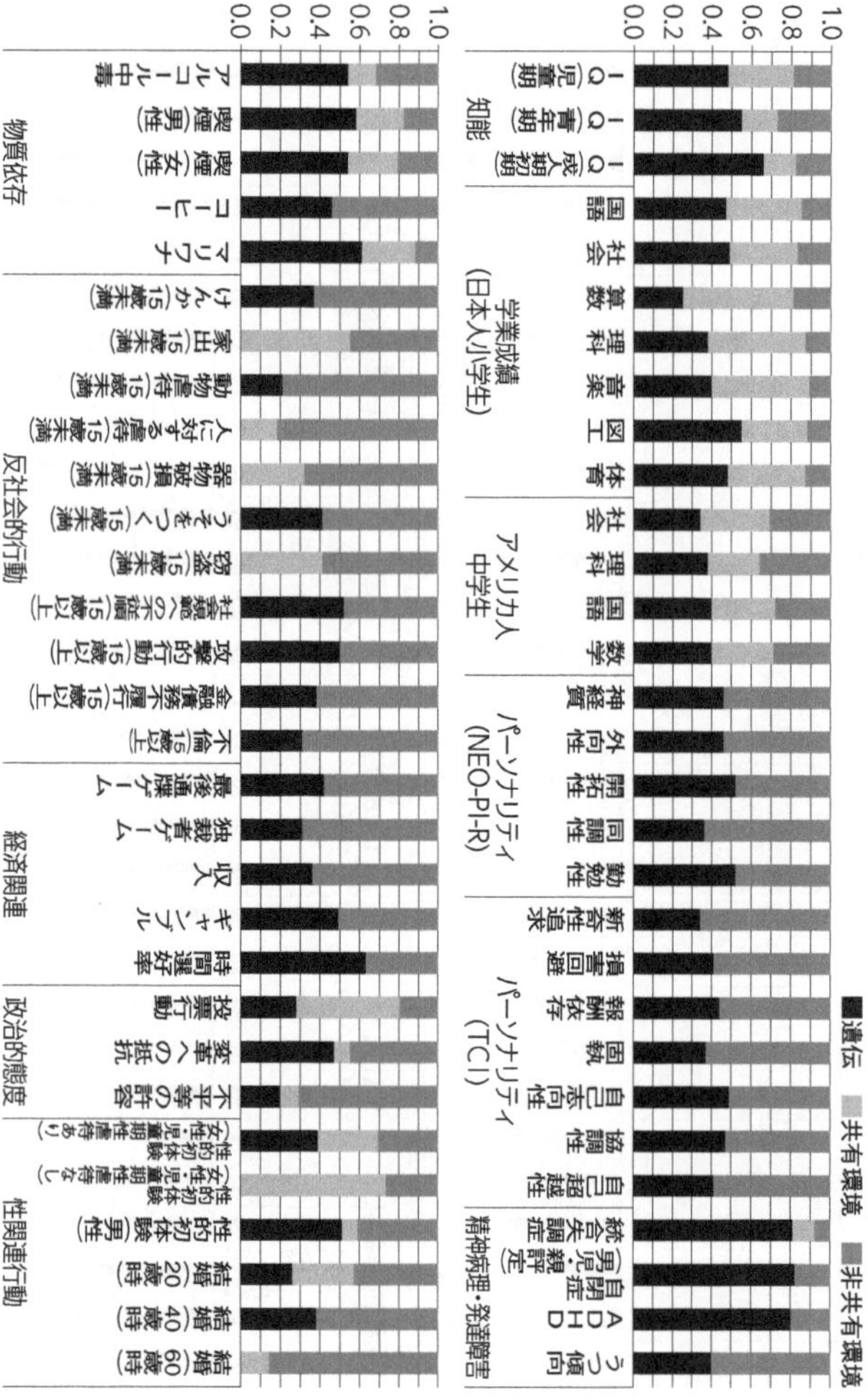

図3-7　さまざまな心理学的形質における遺伝と環境の割合

き、もともとの遺伝的素質の違いに加えて、環境の差もまたもうひとつの大きな要因と考えて、これもほぼ間違いありません。

さらにその環境というのが、育った家庭の違いに由来するのか、同じ家庭に育ってもさらに一人ひとりについて異なる個人的な環境の違いに由来するのかと問えば、それは多くの場合、一人ひとりに固有な非共有環境だということも、この図は示しています。パーソナリティなどは特にそうで、共有環境の影響はありません。つまりたとえばあなたの神経質さというのは、家庭の中で親が神経質な行動をしているのを毎日見ていて、そのやり方を意識的・無意識的に学習するように導かれたからではないということです。

行動遺伝学の三原則

これらの結果から、行動遺伝学では「すべての行動は遺伝的である（遺伝の普遍性）」「家族が類似するのは環境が類似するからではない（共有環境の希少性）」「個人差の多くは一人ひとりに固有の環境による（非共有環境の優越性）」という三原則が唱えられています。

この三つの原則はそれぞれにインパクトのあるメッセージではありますが、これらをまとめた形で最も重要なメッセージにすれば、**「いかなる行動の個人差も、遺伝だけからでも環境だけからでもなく、遺伝と環境の両方の影響によって作られている」**ということです。

「遺伝と環境の両方」と聞いても、「そんなことあたりまえじゃないか」と素通りしてしまいそうなメッセージでしょう。しかしその一見あたりまえなメッセージが重要なのです。なぜなら、私たちはともすれば、そう言われてもなお「しかし結局、遺伝なのか、それとも環境なのか？」と、どちらか一方に答えを求めがちだからです。

特に努力しても行き詰まったとき、あるいは他人の行動に欠点や不満なところを見出したとき、ついこの疑問を発して、「遺伝だ」と結論を下してあきらめ、あるいは「環境だ」と結論を下して、それまでの環境を哀れんだり環境を改善させようとしたりします。そのときこそ「両方」を考えねばならない。そのとき問題となっている行動は、遺伝だけでも生じなければ、環境だけでも生じず、その両方の独特な関わりがあったからこその帰結であると理解しなければなりません。そして同じような生い立ちや状況にいた人と比較して、その人と異なる行動を引き起こし続けてきたところに遺伝的影響を、またその行動を育て上げ、そのときその行動を引き起こさせてしまった外的要因に環境の影響を読み解く必要があります。もちろんいずれも遺伝だけ、環境だけを切りはなして取り出すことはできませんが、それぞれの特質を思い描いてイメージすることはできるでしょう。それが考えるヒントになるはずです。

ただ特に環境の影響を考えるときに、この三原則が教えてくれるもうひとつの教訓が、非共有環境の優位性です。あなたがいまのあなたのように育ったのは、親そのものが、あるいは家庭それ自体が、あなたをそのようにさせる条件を持っていたからではないのです。「あなたにとっての」親が、「あなたにとっての」家庭がそうなる条件だったからであり、また親や家庭以外から与えられたあなたに対する独自の、「そのとき」「そのこと」についての環境が、最も重要な環境条件だということです。たとえばいまあなたが自宅の居間でこの本を読んでいるとき、いつもイライラしているお母さんの足音が聞こえてきて、あなたもイライラしてしまい、本に集中できなくなったとしましょう。これはお母さんがイライラする性格だからあなたもイライラする性格になったのではなく、あなたがいま本を読んでいるときに聞こえてきたお母さんの足音が「お母さんがイライラしている」とあなたに思わせて、イライラしてしまったのです。その証拠に、同じく居間であなたの一卵性のふたごの弟はのんきにマンガを読んでいるではないですか。「おい、母さんの足音、うるさくてイライラしないのかよ」「え？　ぜんぜん気づかなかったよ。兄さんはいつも母さんの足音を気にするね。僕は母さんの声にはちょっとイラつくことがあるけど、兄さんほどじゃないな。それよりいまはこのマンガのほうが……」これが非共有環境の働きです。

共有環境の影響があるもの

しかし例外があります。それも無視できない例外、共有環境の影響が見られる形質です。一つが知能と学業成績、つぎがタバコ・アルコール・麻薬といった物質依存、そして若いときの反社会的行動です。

物質依存は、それが目の前の手の届くところにあるという環境があれば、それがない場合よりも明らかにきょうだい間で共有されやすく、その行動をつい誘ってしまうからであろうことは想像がつきます。また若いときはついつい「悪いこと」に魅力を感じがちで、特に身近にそのような友達がいると、カッコいいからとタバコをすったり、スリルを求めて万引きしたり、仲間内で力を誇示するために喧嘩に走ったりしてしまうこともあるでしょう。こうした行動を類似させるきっかけが家族・きょうだいの中やごく身近な環境にあることは合点《がてん》の行くことです。

そして共有環境の影響が見られるもうひとつ重要な形質が知能と学業成績なのです。これらは、まさに教育による知識獲得の源泉となるもともとの「頭のよさ」、そしてその成果としての学業達成ですから、本書で最も重要な形質であることは言うまでもありません。研究によって多少のばらつきがありますが、遺伝率を控えめに見積もって50％、残る環境が50％とどちらも同程度の影響力を持つこれらの形質で、環境50％のうち20〜30％が家庭環境の違い、しかも遺伝要因に還元されない家庭要因の違いによるらしいのです。つまり家庭環境のあり方や親のふるまいなどが違うことによって、同じ遺伝的素質を持った子どもでもIQや学力テストに差がつく。その程度は遺伝による差ほどではないものの、それでもかなり大きいといえるでしょう。

遺伝と環境の能動的相関

知能や学業成績の個人差に影響を与える家庭環境とは具体的に何か、誰もが気になることでしょう。先にも述べたように、行動遺伝学でいう「共有環境」とは、家族を類似させる遺伝以外の要因の影響力の「総体」で、その具体的中身については直接何も言っていません。

行動遺伝学では環境も行動の表現型として扱います。たとえばある人の部屋には文芸小説や教養のための新書などがたくさん並んでいる一方で、本が一冊もない部屋に住んでいる人もいるでしょう。これは環境の違いのように見えますが、そもそも本を本棚に買いそろえたのは本人の行動です。もし読書好きの傾向に遺伝的な要因があったとしたら、その傾向の高い人は自発的・能動的に本を買いにいったり図書館に行ったり、同じように本好きの友達をよりたくさん持つ可能性が高いでしょう。そうして自分で作り上げた「読書環境」は、その人の読書への関心を維持し続けてくれることでしょう。このように環境と遺伝的傾向は関連しあっています。まったく同じ間取りのアパートをいくつかのぞいて見ると、そこに住む人の人柄や趣味、能力の程度まで垣間見られます。遺伝と環境は互いに相関している、そして環境もまた遺伝子が生み出した表現型だと考えるのが行動遺伝学の考え方です。特に、いまの例のように、遺伝的特性が能動的に環境を作り上げることによって生まれる相関を遺伝と環境の能動的相関といいます。

遺伝と環境との相関関係には能動的相関以外に受動的相関、ならびに誘導（誘発または反応）的相関と呼ばれる形が考えられています。あなたの読書好きの遺伝的性向は、あなたの親や家族もある程度共有している可能性が高い（この共有度は最大でも家族の成員間では50％ですが）ので、その人たちが作り上げているあなたの家庭環境は、自ずとあなたの遺伝的性向と相関するというのが受動的相関です。またあなたが本好きなら、そうでない人よりも、親や先生や友だちからいい本を紹介されたり、図書券をプレゼントされたり、いっしょに図書館に行くのを誘われたりする機会が増えるでしょう。つまり遺伝的素因が環境を誘導する、あるいは遺伝的な傾向に対して環境が反応することによって生ずる相関が誘導的相関です。これらはいずれも遺伝的な傾向が環境を経由してその影響力を発揮し、その傾向を持った行動（この場合読書行動）を持続させたり増幅させたりして、その結果、能力も高まる可能性があります。

学業成績を左右する家庭環境

このように一人ひとりにとって環境は「遺伝子の延長された表現型」でもあるのです。こう考えると逆に遺伝の影響を受けない純粋に環境の、特に共有環境の影響が一体どこにあるだろうとすら思えてきます。はたして、いわば純粋に共有環境として機能するものがあるのでしょうか。

二つあります。一つは親の社会経済的な地位です。つまり親がどれだけお金持ちでどれだけ社会的に威信のある職業についているかです。これは本当に身もふたもないですが、残念ながら確かにある。そしてオールマイティにいろいろな社会達成（学業成績、学歴、収入、専門性の高い職業につくことなど）に影響を与えています。そこにはある程度、それを獲得することのできる遺伝的な資質も関わっていますが、それを双生児法で統制しても、なおかつ統計的に意味のある程度の影響力を持ってしまっている。

だからこそ**経済的な不平等を放置していてはいけない**のです。これはもちろん政治の問題であり、経済システムの問題ですので、個人が、特にまだ若い人たちがあがいてもすぐに改善できるものではありません。ですからもしあなたの家庭が裕福なら（それ自体はあなたの手柄でも何でもありませんので）、その恩恵を不幸にして貧しい人たちにどう役立てるか考えねばならないですし、逆に不幸にして貧しかったとしたら、声を大にして経済的不平等の是正を訴えねばなりません。そしてもし何か達成したいことが見つかったら、それを手にすることができるようにするための家庭以外の環境の中に、人並み以上に努力して自分の身を置く必要があります。そして政治や経済は、こうした家庭の経済的不平等から生ずる教育格差をさまざまな形で補償する仕組みを作ってあげねばならないのです。

さてもう一つ、共有環境としての影響があるのが「カオス（CHAOS）」です。カオスという言葉は、いわゆる「混沌」のことですが、ここでは"The Confusion, Hubbub, and Order Scale"（混乱と喧騒と秩序の尺度）という検査項目で測られる家庭の「混沌っぷり」の程度を意味します。「わが家はまさに動物園状態だ（混乱している）」「家ではたいていテレビがつけっぱなしだ」「自分の家では自分の心の声を聞くことなんてできない」、（以下は逆転項目）「いつも決まった時間に就寝する」「わが家の雰囲気はシーンと静まり返っている」「私たちはたいてい物事をよく掌握している」という6問に、親がそれぞれ1から5までの5段階で評定し、逆転項目は数字を5から1に逆転させて合計した得点で表されます。

経済水準と比べるとかなりささやかな環境と思われるかもしれません。ところがどっこい、知能や学業成績と関連する家庭環境の重要な側面であることがいくつかの研究で一貫して示されています。経済水準が高いほどある程度は混沌さの低い秩序だった環境になるという傾向はあります。しかし経済水準が同じであっても、その中でより混沌とした家庭の子どものほうが学業成績が悪くなってしまいます。

これらは双生児法を用いた研究ですので、きちんと同時に遺伝要因も検討しています。学業成績の遺伝率は35％から45％程度であるのに対して、共有環境も全体で30％から45％程度ですが、この共有環境のうち5％ほどがこのCHAOS尺度の得点で説明されるのです。効果量は決して大きなものではないですが、遺伝によるものではなくて、純粋な共有環境、しかもかなり具体的な家庭環境によるものであることが示されたことは意義深いといえるでしょう。これは主としてお母さんやお父さんのだらしなさなので、それ自体は子ども自身にはどうすることもできませんが、御両親に理解してもらい少しでも整理整頓をしてもらうとか、あなた自身が規則正しく身の回りを整理整頓した生活をして親の見本になるよう努めるなど、状況を改善するように心がけることが効果を持つ可能性があります。

遺伝の広がり、環境の広がり

こうして得られる遺伝何％、環境何％として表されるものの実態を想像してみましょう。このデータは決して人類普遍のものではありません。そのデータを取った集団についてのものであることに注意しましょう。しかし研究者は対象となる社会集団から、できるだけ偏りのない双生児のサンプルを得ようと努力します。いわゆる母集団を代表するサンプルです。そのために国全体や州全体の双生児を想定し、そこからできれば全数、それがかなわなくとも全体の統計学的特徴を損なうことのない、代表性の高いサンプルであることを確かめるために、その集団の、双生児ではない人たちからすでに得られている同じ調査変数の統計量（平均値、標準偏差、相関パターンなど）と違いがないことを確かめます。

私たちの研究グループでも、双生児の協力家庭を得るために、首都圏のほぼすべての自治体の役所へ行って、「同世帯にいる同生年月日の人」の住所氏名を、文字通り「すべて」リストアップして、協力の依頼状を送付しました。特に赤ちゃんを対象としたときは、ある年に首都圏に生まれた双生児の家庭の55％、１６００組近くの家庭が、私たちの研究プロジェクトにエントリーしてくれました。もちろん１００％ということはありえませんので、そこに何らかのサンプルの片寄りが混入しないとは限りませんが、かなり高い割合でサンプリングできたといえます。

ですからそのサンプルには、ある集団（たとえばイギリス全体、首都圏全体など）の持つ主要な遺伝的なバリエーションがあらかた含まれると考えられます。１５２ページからの図の例では遺伝的バリエーションはわずか3種類でしたが、理論的にはその集団の成員一人ひとりが実際に持つ2万個の遺伝子の多型の組み合わせが生み出す違いの数だけあるのです。

中学で習ったメンデルの法則を思い出してください。えんどう豆の形には、丸くする遺伝子（A）としわにする遺伝子（a）があり、二つが対となって豆の形を決めていましたね。この場合はAA, Aa, aaの3種類の遺伝子型があるわけです。そんな遺伝子の対（対立遺伝子）が2万個ほどある。どこにも3種類の遺伝子対がありうるとしたら、2万個の遺伝子対が取りうる組み合わせの数は3の2万乗個、その数たるや0が何千個もならぶ巨大な数になり、この宇宙に地球が誕生してからこの星が滅亡するまでに存在するであろう人間の個体数をはるかに凌駕するバリエーションが考えられるのです。関心を寄せている特徴（身長であれ学業成績であれ）に対してどんな遺伝子がどのくらいの数関わっているかはわかりませんが（この「わからない」というところがミソです。だから具体的な遺伝子を特定できていなくても、研究が進められるわけです）、この社会の遺伝子の広がりがその背後にある。このことを想像すると、これはクラクラするほど興味深い展望が開けます。

私たちの社会にはたくさんの人が生きています。一人ひとり、顔かたちも能力もみな異なる、その差異を作り上げている遺伝的バリエーション全体を、行動遺伝学は相手にしているのです。その出発点には、「人間は遺伝的に一人ひとり異なる」という世界観がありま す。これは一見すると「人間みな同じ」「人間はすべて生まれつき平等である」という政治的に正しい世界観とは正反対であるかのように見えます。しかしそれは**「この世界に生ま**

れた一人ひとりがすべて独自の、誰とも異なる遺伝的存在である」という事実を認めることでもあります。これまではともかく、このことをあえて認めずに「人間は遺伝的にすべて平等」という「善意のウソ」に立脚した社会思想を作ろうとしていました。それはナチスの優生学の悪夢に対抗する「方便」としての正義でした。もちろん、すべての人は平等でなければいけません。生まれつきの差によって差別することを正当化してもいけません。それは科学的な事実のいかんにかかわらず、人がよって立つべき人倫の基本です。しかし人倫のために科学的事実を歪曲《わいきょく》しても、それは本当の正義にはなりません。**行動遺伝学の明らかにした事実を真正面から受け止めることは、とりもなおさず、遺伝という自然が生み出した多様性が、人間が作り出した価値観や社会制度によって、格差や差別につながるようであってはならないという発想につながっていく、その結果、真の意味で「人間はいかなる遺伝的差異があろうと平等でなければならない」という価値観を支えるものになると私は考えています。**

あなたの遺伝子の組み合わせはオンリーワン

歴史にはいつも差異あるもの同士の争いが絶えませんでした。姿かたちやことばの違いは言うに及ばず、宗教の違い、主義や思想の違い、ふるまい方の違い、場合によっては単なる趣味の違いがきっかけで、どれだけの人たちがいがみ合い、言葉や身体や武力で攻撃しあい、そして心の血や本当の血を流したことでしょう。対立するもの同士、自分たちのほうが正しい、自分たちのほうが優れていると主張して、相手を変えさせ、変わらなければなきものにしようとしてきました。

古くは、こうした違いが「血」によるもの、いまの言葉で言えばまさに「遺伝子」によるものとみなされ、相手を征服したり抹殺したりする理由となりました。しかし遺伝学と進化理論をふまえると、どんな遺伝的バリエーションも、生物全体の中の一種に過ぎないヒトが持つ遺伝子プール（生物集団全体を構成するすべての遺伝子のセット）からのババ抜きのようなランダムサンプルに過ぎないということになります。そしてその一部が別の一部の存在を否定するなど、視野狭窄《しやきょうさく》以外の何ものでもないことに気づかされます。

遺伝的に保守的な人もいれば革新的な人もいる、遺伝的に論理を突き詰めるのを好む人もいれば感性に身をゆだねるのを好む人もいる、遺伝的にシリアスな人もいれば楽天的な人もいる。この世の中で、いや人類始まって以来のあらゆる世界の中で、いろんな人たちがしでかす想像を超えた多様な出来事を作り出している多種多様な行動の背後に、このような遺伝的バリエーションが、目に見えないけれども現実に確実に存在している。しかもそれはこれまでもこれからも、常にほかに一度も存在したことのない遺伝子の組み合わせを持った人たちによって構成されている。キリストも親鸞《しんらん》も、アレクサンダー大王も源頼朝も、ミケランジェロも運慶も、いやそのような歴史に名を残す人々だけでなく、名も知れず何かを成し遂げ、これまでの歴史と文化を動かしてきたのは（そしてこれからの歴史を作っていくのも）、そうした遺伝的に個性的な私たち人間一人ひとりの営みなのです。

　そうした遺伝的な多様性が、歴史を背負った社会のさまざまな状況とは独立に、おおむねどんな行動的形質についても、無視できない程度、つまり多くの場合、集団の半分程度のばらつきを説明してくれている。いったいその人たちが何をしでかしてくれるのか。そしてあなた自身がいったいこれから何をしでかすことになるのか。なにしろ**あなたと同じ遺伝子の組み合わせを持った人は、古今東西あとにもさきにも存在しないのです**（ただしあなたが一卵性双生児の場合は、あなたのほかにもう一人います）。誰も経験したことのない未知の実験を、あなたはその人生を通じて行おうとしているのです。**何かワクワクしてきませんか。**

　もちろん同じことが環境のバリエーションにも言えます。この社会に生きる人々が投げ込まれている環境の条件もきわめて多種多様です。もちろんその人たちは、そのときの社会の中で、共通の社会的決まりや習俗、教育で与えられる共通の知識を共有してはいます。しかし遺伝子の種類はどんなに多くても有限ですが、環境要因は文化が異なり時代が異なり、同じ時代でも状況が異なると、ほとんど無限のバリエーションからなるといっていいでしょう。それがこの世の人たちのしでかす出来事の原因の残り半分を説明している。一見無味乾燥な遺伝何%、環境何%を形作っている実態を想像してみると、人間社会のダイナミズムの根底にある生物・社会的メカニズムの複雑さに圧倒される思いがしませんか。

第4章　能力と学習

前章では、学業成績の個人差には遺伝要因が大きく効いているという、いささかショッキングなお話をしました。同時に、だからといって教育が無意味であるとか、学校の勉強に価値がないのではないということ、また「遺伝要因が大きい」とはそもそもどういう意味かについてもお話ししました。

そこで問題となるのは、そのことを前提としたとき、私たちは学習すること、学校へ行くことについてどのように考えるかです。

1　学力はどのように遺伝的か

学業成績に関わる遺伝要因とは何か

「学力は遺伝だ」といわれると「生まれたときからそれでは不公平だ」「それではもうどうしようもないじゃないか」とがっかりしそうなところを、もう少し冷静に考えるために、そもそも学業成績に遺伝要因が関わるということがどのような意味なのかを、行動遺伝学のこれまでの知見からもう少し考えてみましょう。

学業成績といっても、そこには国語、数学、英語、日本史、世界史、物理、化学など、さまざまな科目があります。学業成績の遺伝とは、これら科目ごとにあるのでしょうか。それとも科目を超えた一般的なものなのでしょうか。

あたりまえのことですが、国語の遺伝子、数学の遺伝子、英語の遺伝子などというものがありそうにないことは、容易に想像つくでしょう。遺伝子がこの世に発生した40億年まえに、数学や日本史などという教科があったはずはないのですから。いまの人たちが学習するあらゆる文化的な能力や知識——学校の教科だけでなく、この社会に存在する無限ともいうべき種類のお仕事、さまざまな芸ごとや競技、そしてさまざまな趣味や家事など——に才能を発揮している人たちは、いずれも何らかの遺伝的条件が関与しているはずですが、だからといってその知識や能力に特化した遺伝子——営業遺伝子、ピアノ遺伝子、将棋遺伝子、お掃除遺伝子など——が存在すると考えるのは荒唐無稽です。人間を作る2万を越す遺伝子たちが織り成すさまざまな遺伝的才能の全体としての「形」が、たまたまその時代、その文化の中で、ほかの人たちと比べて、自分や周りから「優れている」と評価されるような行動を起こしやすかったとき、それを遺伝的才能ありとみなされるのです。

しかも同じ歴史という科目が得意という人の中にも、歴史上の人物の心に現代人と同じものを見つけることに関心が向いている人、いまからは想像もつかない世界に生きていた人々に思いをはせることに関心が向いている人、戦争や人権や貧困といった現代につづく問題の原因を探すことに関心が向いている人などさまざまだと思われます。

それはあたかも「美人」「ハンサム」と思われる人の顔立ちに、何か必ず全員が共通して持つ特徴などないのと同じです。鼻が高いからといって美しいとは限らず、色が白いからといって美しいとも限りません。それはいろいろなパーツ全体が織り成すコンステレーション（星座のように配置が作り出す形）が生み出す妙ともいうべき現象でしょう。才能というのは、実に多様な要素の個性的な組み合わせの妙であり、遺伝子検査をしていくつかの遺伝子で予測できるような単純なものではなさそうです。

一般知能の遺伝に関わるもの

しかしそれでも学業成績に関連する要因として一般的に挙がってくるものはあります。まずもっとも大きいのはこれまでも登場してきた一般知能（いわゆるＩＱ）、それから勤勉さや内向性（外向的な人より内向的な人のほうが成績がよい傾向にあります）などのパーソナリティ、ほかにも不注意で多動傾向があったり、仲間とうまくやっていけないなどの問題行動を起こしやすい性質（これはこの性質が低いほど成績がいい）も関わるでしょう。それからもち

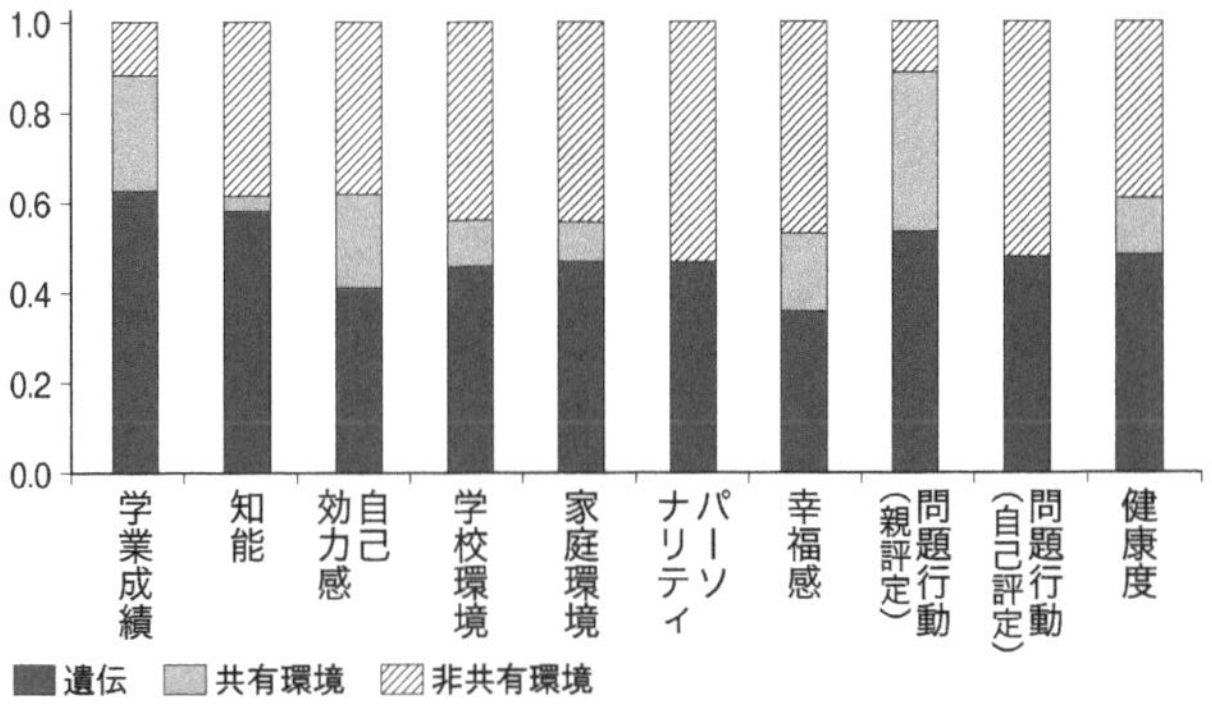

図4-1　学業成績と関連する変数の遺伝・環境の割合（Krapohl et al., 2014）

ろん学校や家庭がどれほど勉強しやすい環境かどうかも関係します。これは実際に勉強しやすい環境かどうかということはもちろん重要ですが、むしろそのような環境だと本人が認識する能力があるかということにも強く関わってきそうです。

イギリスで行われた１万組を越す双生児の14歳のときの全国学力検査の成績と、こうした学業成績と関連しそうな要因と、それぞれどのくらい遺伝や環境が関係するかを調べた研究をご紹介しましょう。ここで取り上げた要因は「知能」「自己効力感（これなら私はうまくやれそうだという感じ）」「学校環境（の認知）」「家庭環境（の認知）」「パーソナリティ」「幸福感」「親評定による問題行動」「子ども自身の評定による問題行動」「健康度」の９つでした。「学業成績」とは別に、これらがそれぞれ「遺伝や環境とどのような関係があるか」を探究したのです。

すると第一にわかったことは、「知能」「自己効力感」「学校環境」「家庭環境」「パーソナリティ」「幸福感」「親評定による問題行動」「子ども自身の評定による問題行動」「健康度」のいずれにも遺伝的な影響があるということです。図4-1にそれぞれの遺伝、共有環境、非共有環境の比率が示されていますが、いずれもおおむね半分程度が遺伝の影響、そして残る半分が環境の影響によります。その「環境」のうち「親評定による問題行動」には共有環境の影響がある程度（40％）ありますが、それ以外は相対的に非共有環境のほうが大きい、またはもっぱら非共有環境の影響（「パーソナリティ」と「子ども自身の評定による問題行動」）しかないというものでした。

これらはまさに第3章でご紹介した「行動遺伝学の三原則」どおり、すなわち「①すべての能力は遺伝的、②共有環境はないか、あってもごくわずか、③環境のほとんどは非共有環境」でした。ふつう「知能」にもある程度、共有環境が関わっているものなのですが、この研究では知能においても、環境要因に共有環境、つまり家庭環境の影響はほとんど見出されませんでした。これは、このデータが14歳という、家庭環境の大きかった児童期を過ぎ、青年期のはじめに突入して大人の仲間入りをし始め、家庭外の環境の影響が強くなったときのものだったからと考えられます。

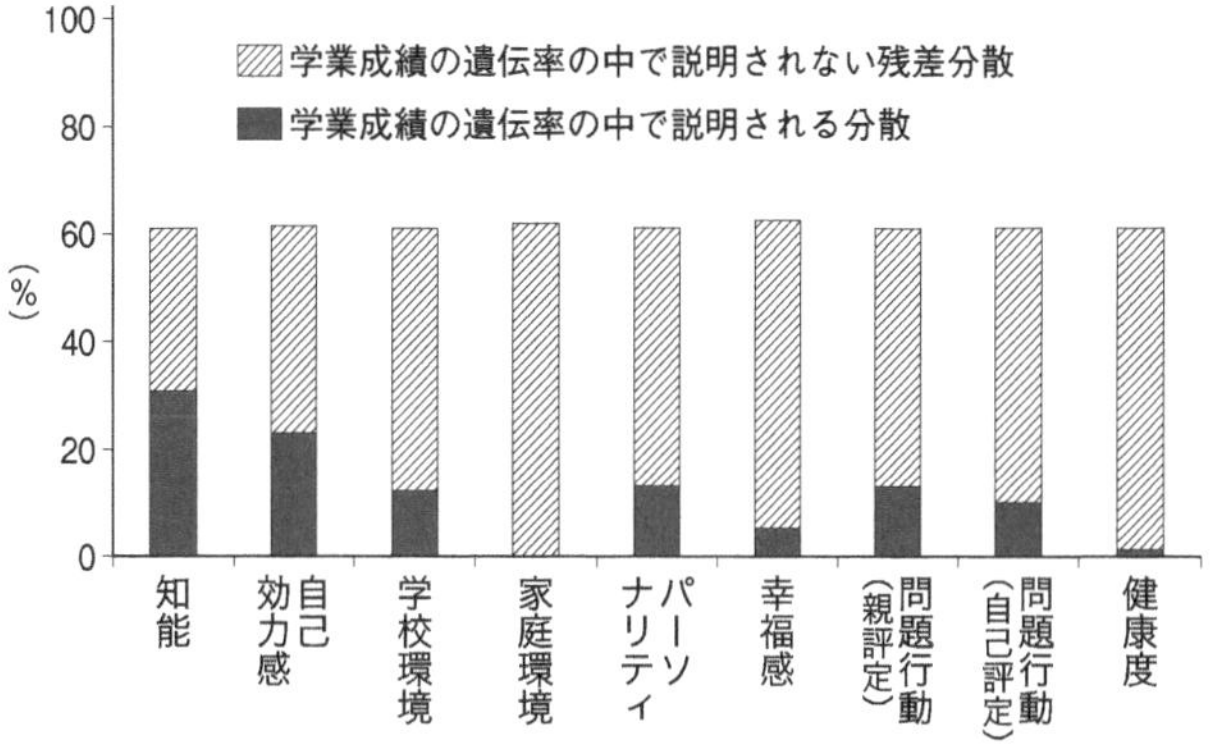

図4-2　学業成績の遺伝要因を説明する関連変数の遺伝の割合
（Krapohl et al., 2014）

学業成績と知能の関係

特に学業成績への遺伝的影響が60％、知能のそれをしのぐほどであったのは驚くべき結果でした。知能検査で測られる「知能」は、一般的な語彙《ごい》知識や記憶、推論、記号操作など、知的な能力の中でも、そのための特別な訓練や教育をふだん受けていない基本的な能力を測定しているものと考えられており、そのぶん特定の教科内容の知識の習得によらない、その意味で環境の影響が相対的には学業成績よりも低く、遺伝の影響が大きそうな能力と考えられるからです。しかしここでは学業成績も知能と同じかそれ以上に遺伝の影響を受けていました。

なぜ学業成績への遺伝率が知能の遺伝率よりも大きかったのでしょう。図4－2は、図4－1で示された学業成績の遺伝率60％のうち、知能をはじめとしたそれ以外の要因の遺伝の影響が何％説明するかを図示したものです。

この結果によれば、学業成績の遺伝率60％のうち30％、つまり半分は知能によることがわかります。これはかなり大きな寄与ですので、おそらく知能の遺伝要因が学業成績の遺伝要因の主な原因となっているのでしょう。しかしそれ以外の要因も学業成績の遺伝に関わっていることがわかります。つまり学業成績を支える知能以外のさまざまな要因に関わる遺伝要因も重なって関わりあうので、学業成績の遺伝率が高くなっているのだと考えられるのです。

たとえば自己効力感も遺伝が約20％を説明しています。このうちある程度は知能とも重なっているでしょう。しかし自己効力感独自の影響、つまり自分の力でうまくやれているという自信や自己統制感が遺伝的に高い人ほど、遺伝的にも成績がよいことを意味します。

「学校環境」「パーソナリティ」「親評定による問題行動」「子ども自身の評定による問題行動」については、それぞれおよそ10％程度が学業成績の遺伝要因にかぶっています。このうち「学校環境」は環境ではないかといわれそうですが、これは学校環境をどれだけ学習するのにいい環境と認知しているかの評定を意味します。先生がうまくサポートしてくれる「と感じている」、学校の仲間も勉強に対してよい刺激を与えてくれる「と思う」というような指標です。成績がいい人ほど、学校環境をポジティヴにとらえるという因果の方向性があります。また「パーソナリティ」というのは、「勤勉性」「知的好奇心」「外向性」「同調性」「社交性」などさまざまな側面をブレンドして学業成績に一番関係ありそうな合成得点を作ったものです。このうち特に学業成績に関連するのはやはり「勤勉性」です。勤勉性を中心とした、知能（＝認知能力）とは異なる「非認知能力」の遺伝要因もまたわずかながら学業成績に影響を及ぼしているようです。

「問題行動」にはいろんな側面があります。まずはすぐカッとなったりかんしゃくを起こしたりするような行為上の問題、次に落ちつきがない、長い間じっとしていられない、気が散りやすいといった不注意で多動な傾向、これが行き過ぎると注意欠陥多動性障害という発達障害として診断されます。それから何かと心配性で落ち込みやすいといった情緒の問題、そして友達から好かれなかったりいじめられたりするといった仲間の問題がとりあげられ、こうした問題ある行動が全体としてどの程度強いかが得点化されます。これは子どもが自分で自分のことをどう思うかをアンケートでたずねた得点と、親がふたごの子どもそれぞれについて、同じアンケートに対して回答した得点とがあります。親は概して、一卵性・二卵性を問わず、ふたごのきょうだいを同じようにつけがちなので、一卵性と二卵性の値が近くなり、特に二卵性双生児では自己評定よりも相関の値が高くなります。そのために共有環境として算出されるわけですが、遺伝の割合はそれほど高くないことがこの図4－2から読み取れます。

ちなみに「家庭環境」「幸福感」「健康度」については、それぞれに独自の遺伝的寄与がありますが、学業成績とは遺伝的にはほとんど無関係のようです。

この研究からいえるのは、学業成績という「才能」にも、それに関わる要因はさまざまなものがあるということです。学業成績には知能以外にもさまざまな要因の遺伝子たちが関わっているのです。そしてこの研究結果だけをもとにまとめてみると、遺伝的に学業成績がよい人というのは、「遺伝的に知能が高く、遺伝的に自分に自信があり、遺伝的に前向きに勤勉にものごとに取り組むパーソナリティの持ち主で、遺伝的に学校環境を学習環境としてポジティヴにとらえ、遺伝的に不注意や多動・攻撃的で情緒不安定などという問題性が少ない人」ということになります。いわれてみればあたりまえのような、そして身もふたもないお話に聞こえますね。しかし、しばし我慢して、この「身のなさ、ふたのなさ」をとりあえず認識しておきましょう。

個人差に関わる環境要因は「その瞬間」

これらの要因について、遺伝だけでなく、共有環境や非共有環境についても、どのくらい学業成績と関連があるかを示したのが図4－3です。横棒全体の長さは、それぞれの要因

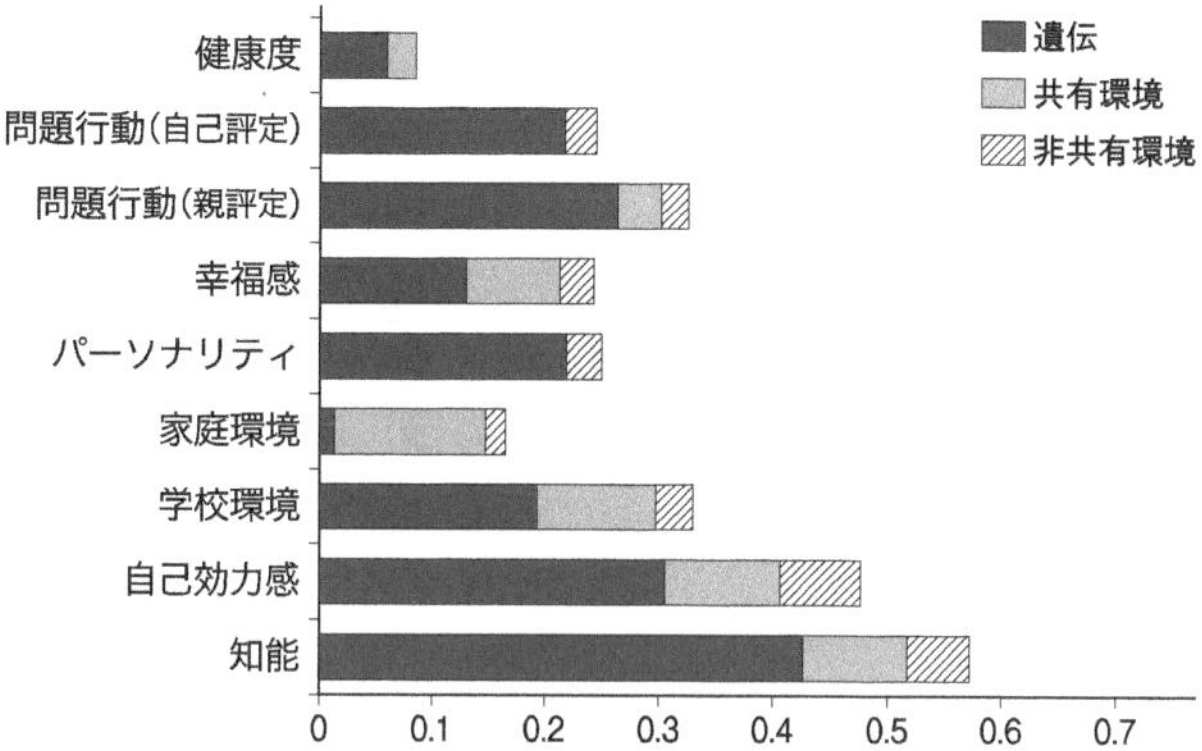

図4-3　学業成績に関連する変数との遺伝・環境相関（Krapohl et al., 2014）

が学業成績と全体としてどれぐらい相関しているかを表しますが、そのうち遺伝・共有環境・非共有環境それぞれが、どのくらいの割合で関わっているかが示されています。図4－2は学業成績の側から見て、遺伝要因が関連要因それぞれの遺伝とどれほど重なっているかを示したものでしたが、図4－3のほうは逆にそれぞれの関連要因から見て、学業成績との相関を作っているのが遺伝・環境それぞれについてどの程度の大きさかを示していることに注意してください。たとえば幸福感の遺伝要因は学業成績の遺伝の10％以下しか説明しません。これは学業成績側から見た数字です。いっぽう幸福感側から見ると、学業成績と15％ほどの割合で遺伝的に結びついており、それ以外にも共有環境でも10％、非共有環境が5％くらい関係しているというわけです。

興味深いことに、ここでも「行動遺伝学の三原則」がよく表れていて、要因間の相関には必ず遺伝が関わっており、共有環境はまったくないか、あっても相対的には小さいことがわかります。ただ行動遺伝学の第三原則にあたる「非共有環境」については共有環境よりもさらに小さいものばかりです。非共有環境、つまり一人ひとりに固有な環境の影響は、知能や自尊心、幸福度など、それぞれの形質（心理的側面や要素）の個人差の説明要因としては、遺伝要因に匹敵するかそれ以上の影響力を持ちますが、形質間の関連にはあまり影響を及ぼしていないことがわかります。

つまり非共有環境とは形質それぞれに異なるのです。ただ単に一人ひとりに固有なだけでなく、行動の側面それぞれにも固有なのです。学業成績を高める（あるいは低める）働きをするあなた独自の事情（たとえばたまたまあなたを勉強に、あるいは遊びに誘う友達がそのときできたこと）は、学業成績には関わるけれど、自己効力感や学校環境の認知に関わる要因にはならないようです。

さらにいえば、ここでは同じ形質について異なる時点での測定がなされていないのではっきりしませんが、非共有環境は同じ人、同じ形質についても、時点が違えばさらに異なる場合が多いことが、発達的変化を扱った行動遺伝学研究で示されています。いまたまたま勉強に誘ってくれたり邪魔したりする友達ができてしまっていたとしても、半年後には別の種類の友達ができて、非共有環境の影響は異なったものになる。**個人差に関わる環境要因の主たる源は「いま、ここ、これ」に特殊な環境なのです。**もし形質間に相関が見出されたとしたら、その要因として第一に考えられるのは遺伝、ついで共有環境（あれば）であり、非共有環境はごくわずかであるというのも、行動遺伝学の原則と呼んでよいかもしれません。

このことは、たとえば学校でいじめのようなとてもいやな経験をして、生きているのがつらくてつらくてたまらないと思うことがあったとしても、こんな経験をさせられる私なんて、きっとこれから先、どこで何をやっても同じようにつらい思いをするに違いない、と思い悩む必要はないという科学的根拠となるといえます。このことを逆手《さかて》に取って、ある非共有環境から得られたいやな経験に対しては、別の非共有環境で良い経験ができるようにしてみればよいのではないでしょうか。学校の友達とはまったく異なる人たちの集団に属するとか、学校環境とはまったく異なる場所に行ってみる、異なることをしてみるといったことです。その中であなたの心の支えになってくれる何かを見出すことができる可能性があります。

成績を伸ばすには

「家庭環境」についてだけは、その名の通り、ほかと比べて共有環境が大きく関係していることが示されています。この研究では直接扱われていませんが、その中でも特に関係があるのは、前章で述べた家の散らかり具合、すなわちCHAOSであろうと思われます。親やあなた自身が物を散らかしたり不規則な生活をすることを、いまはなんとも思っていないかもしれません。だけれども学校の成績をよくしたいと思ったら、ただちに親子で相談し、協力して家の中を整理整頓、規則正しい生活をするよう、心を改めてがんばってください。

しばらくすればきれいになった勉強部屋の整然とした机の上で朝晩決まった時間になると机に向かって勉強したくなり、いままでわからなくてあきらめていた数学や英語も、少しずつわかった、面白いかも、と思える箇所が増えてくるかもしれません。そうなればしめたものです。それが続けば学業成績があがってくることも期待されます。もちろんそれ以外の遺伝的な素質の影響は受けますから、クラスのトップ、学年のトップにのし上がれるかどうかわかりませんが、同じようにいままで成績がよくなかった人で家を散らかしながら、なんにもせずにいままでどおり暮らしている人と比べれば、「あなたなりに」成績は伸びること、そして何よりも理解できる世界が広がることが、理論的に期待できます。もしあなたが入試合格のボーダーラインにいたら、そのことによって1ランク上の偏差値の学校に合格でき、「よい」教育、「よい」友達に恵まれ、より多くの人生のチャンスに恵まれて、より豊かで幸福な人生を歩み続けることができるかもしれません（偏差値の高い学校に、あなたにとって本当によい教育・よい友達・多くの人生のチャンスがあればの話ですが）。

一般知能説

この研究では学業成績をまとめてひとつの指標で表しました。これは要するに合計点を用いたものです。しかしすぐに思いつくように、学業成績は教科によって異なります。英語は得意だけれど数学は苦手とか、物理は得意だけれど生物は苦手などといった知識領域による能力の差異についてはどのように考えればいいのでしょうか。

知識はひとつひとつ習得してゆくものです。いままで知らなかったあるひとつの英単語の意味がわかり使えるようになるには、その単語に出会い、意味を文脈から推理したり辞書で調べ、何度か忘れては再度調べなおして徐々にモノにするといったことを繰り返さねばなりません。数学の方程式の解き方も、式の意味を理解し、解くための手順をそれまで習った文字式の知識を当てはめながら実際にたどり、それを覚えたらたくさんの練習問題をこなして自動的にできるようにし、さらにたくさんの文章題の中でそれが使えるようになるトレーニングをしなければなりません。

ですから英単語を覚えたからといって数学の方程式が解けるようになるわけではありません。同じようにフランス革命が19世紀以降のヨーロッパをどう変えたかを理解したからといって、幕末から明治にかけて日本が近代化を歩み始める過程について何の勉強もせずに知ることができるはずもありません。限られた時間を数学よりも英語の勉強に、日本史よりも世界史の勉強に費やしたとすれば、当然科目ごとの成績にもでこぼこができます。するとは能力というのは科目ごとにあるのでしょうか。

心理学ではこの問題、つまり能力はどのような単位で存在するのか、さらには心はどのような単位からなるのかという問題について、長い間さまざまな議論をしてきました。それはいまでも続いており、研究者によって立場も異なっていて論争が絶えません。ここでは特に知能について最も代表的な対立する二つの立場をご紹介します。それは**一般知能説（1因子説）**と**多重知能説（多因子説）**です。これは読んで字のごとく、知的能力はもともとひとつだという考え方と、いや、はじめから複数のいろいろな種類があるという説です。

一般知能説を支える根拠は、能力はさまざまあれど、お互いが相関しているというエビデンスです。これは20世紀の初頭にスピアマンというイギリスの心理学者が、年長の子どもから6つの能力（古典、フランス語、英語、数学、音高、音楽）に関するデータを集め、それらの相関を互いに計算すると、どの能力の間にも比較的高い相関が見出されたという研究に由来します。スピアマンはこのことから、能力の種類のいかんにかかわらず、それら全体に関わって能力の高低をつかさどる一般的な因子があると考え、「一般知能」という概念を作りました。さらにこれら6つの能力得点からこの潜在的な一般因子の得点を数学的に導き出す方法も考え出し、因子分析と名づけました。個々の能力は、この一般因子にさらに領域に固有な特殊因子が加わったものとして数学的に表されます。一般因子と特殊因子からなるということで、「知能の2因子モデル」と言ったりもしますが、基本は一つの一般因子とたくさんの領域固有因子からなるという意味ではやはり「1因子」モデルと言ったほうが誤解がないでしょう。

スピアマンと同じころ、フランスの児童精神医学者のビネーは、学校に適応するのが難しいであろう子どもを科学的に診断するための道具として知能検査を開発し、いまで言う特別支援教育、つまり知的障害や発達障害の子どもへの支援教育に役立てようとしました。この知能検査がなかなかよくできていたため、その後いろんな心理学者がいろんな知能検査を開発し、この一般因子を得点化する方法も編み出しました。それがいまでもよく知られるIQ（Intelligence Quotient）、つまり知能指数です。IQの背後にはこのように知能の一般因子モデル、あるいは1因子モデルというものがあるのです。

このモデルは、要するに科目ごとに多少のでこぼこはあっても、概してできる人は何をやらせてもだいたいよくできる、その反対にできない人は何をやらせてもあまりよくできないという身もふたもないことを言っています。もちろん能力ごとに異なる領域固有の特殊因子の存在も認めておりますので、もし人によって科目ごとや分野ごとにでこぼこがあれば、その特殊因子がその人において特に高かったり低かったりしていると考えるわけです。しかしその根底に、領域に依存しない万能で抽象的な認知能力の存在を想定するモデルですので、それが高い人と低い人では何を学習しても科目や分野によらずある程度の差がついてしまうのは当然と言っていることになります。実に不愉快なモデルです。

多重知能モデル

それに対して多重知能モデルは、能力がさまざまな領域ごとに別々にあるという立場です。古くはサーストンというアメリカの心理学者が大学生を対象に何十もの知的能力を測る検査を行い、その成績を独自の方法で因子分析し、数、語の流暢《りゅうちょう》さ、言語理解、記憶、推理、空間、知覚的速さという7つの因子を導き出しました。サーストンによれば、これら7因子がまず基本にあって、一般知能はこれらが合わさって働くときに見られる二次的な現象だと考えます。これはサッカーにたとえれば選手の役割がポジションごとにフォワード、ディフェンダー、ミッドフィルダー、キーパーに分かれて別々の働きをしているようなものです。これらが合わさると「チームの力」になります。しかしはじめから「チーム の力」などというものがあるわけではない。このチームの力に当たるのが一般知能だというわけです。

この考え方ですと、頭の中にいろんな役割を持った選手がいて、それぞれの役割に則した能力や知識を磨いている。知能テストや学力テストや入学試験では、いろんな種類の能力を総合的に使えるかどうかが試されているので、選手全員でかからねばならない。音の高さを判断するときだって、古典や数学の学習で用いるような記憶や知覚的速さや、場合によっては推理なども総動員しなければならない。するとどうしても「チームの力」のように見える何か、つまり一般知能があるように見えてしまうけれど、それは発揮されている能力の実体ではないということになります。そしてキーパーとして、あるいはフォワードとして優れた選手に育てば、別のチームに移籍してもそれぞれのポジションで活躍できるというわけです。

このように「一般知能は虚像、実際にあるのは個々の能力」と考えれば、鍛えるべきはチームの力よりもまず一人ひとりの選手の実力、つまり個々の能力や知識であり、それぞれが持ち味を伸ばせばよい、すると自ずと全体としてのチーム力、つまり一般知能も高まる、またその中のどれかを集中的に鍛えれば、その専門家として活躍できるという希望ある話になります。

最近ではガードナーというアメリカの心理学者が言語、論理数学、音楽、身体運動、空間、対人、内省、博物の8つの別々の知能があるという説（多重知能説）を唱え、一般因子をほとんど無視すらしています。これは教育の世界では人気があり、ガードナーの多重知能説にのっとった教育を謳《うた》う学校すらあります。つまり得意な分野を見つけて伸ばそう、苦手な分野があったら適度に補おうという方針が定まります。これが一般知能説だと、できる人はみんなできる、だめな人はみんなだめであっても仕方がないという見方になり、万が一、一般知能が高いのに勉強ができないとしたら、勉強のできない環境や精神状態にあるのではないかと注意し、また一般知能が低いのに成績がよかったとしたら、この子は少し無理しているんじゃないかとストレスを心配してあげるくらいしか役に立ちません。

さあ、あなたはどちらの立場をとりますか。この話を聞くと多くは多重知能説を支持したくなるでしょう。心理学者の中でも、一般知能は実体がなんだかわからないにもかかわらずＩＱという粗雑な数値で人をラベリングする胡散臭《うさんくさ》い概念と考え、個々の知識が使われるプロセスを具体的に解明することのできる多重知能説や領域固有説を支持する研究者が少なくありません。

おおきな一般因子――ジェネラリスト・ジーン

しかし賢明な読者は、よく考えると、どちらも結局同じことを、ただ違った角度から言っているに過ぎないということにお気づきになったのではないかと思います。そうなのです。1因子説も多因子説も、能力というもののそれぞれ一方向からの姿だけを強調しているに過ぎないのです。実際に働いているのは一人ひとりの選手、つまり分野別、科目別、いや一つ一つの知識です。しかしそれを現実の場面でうまく発揮させようとするとチームの力、つまり能力間の協力が必要になり、そのレベルでの一般的な能力の世話にならねばなりません。「一般か領域固有か、どちらか」ではなく、どちらも大事なのです。

行動遺伝学のデータもその両方を示しています。双生児のデータを分析すると、まず一般知能の遺伝要因が真っ先に見つかります。たとえば読み能力と算数能力の成績の得点間の相関で、スピアマンの分析のように、かなり高い値が出ます。これを先にご説明した遺伝相関と環境相関に分けると、遺伝相関は得点間の相関以上の値が出ます。つまり異なる能力の間には遺伝レベルではかなりの重なりがあって、それでもそれぞれの知識の内容の違いがあるので、ある程度区別されているということです。これは知的能力全般に関していえることで、知能の遺伝要因は「一般性」「万能性」があり、それを「ジェネラリスト・ジーン（万能遺伝子）」と名づけています。

知能はどう社会と結びつくのか

それでは能力ごとの遺伝要因はないのか。そんなことはありません。図4－4は知能テストを構成するさまざまな認知テストについて、その認知テスト固有の領域における遺伝・共有環境・非共有環境の影響と、知能の一般因子の遺伝・非共有環境（共有環境の影響はありませんでした）の影響とに分け、それぞれどのような比率で成り立っているかを表しています。それぞれの能力の個人差には一般因子だけで説明のつかない遺伝要因が関与していることもこのデータは示しています。しかし全体を平均した図（図4－5）からもはっきりわかるように、能力に科目ごと、分野ごとのでこぼこを与えているのは遺伝要因以上に環境要因、それも共有環境ではなく非共有環境なのです。要するに一般性を与えているのは遺伝、領域特殊性を与えているのは環境なのです。

このことは知能が1因子か多因子かという不毛な論争にひとつの決着をつけてくれそうです。一般因子というのは遺伝子レベルで存在していそうです（これが脳の働きのレベルで存在しているらしいことを第5章でお話しします）。その意味で、できる人は押しなべて何でもできるという傾向は、残念ながら否定できません。しかし実際に何ができるようになるかは、どんな環境にその人がさらされたか、つまりどんな内容をその人が実際に学習したかによ

	認知テスト固有のバリエーション			一般知能と共通のバリエーション	
認知テストの種類	遺伝	共有環境	非共有環境	遺伝	非共有環境
知識	0.23	0.09	0.21	0.39	0.08
同義語	0.12	0.09	0.23	0.53	0.02
推論	0.14	0.00	0.45	0.34	0.08
図形論理	0.18	0.00	0.48	0.24	0.10
ブロックデザイン	0.18	0.05	0.23	0.45	0.09
カード回転	0.15	0.22	0.35	0.14	0.14
数値	0.13	0.00	0.27	0.49	0.11
図形の弁別	0.22	0.00	0.41	0.29	0.09
数字の順唱	0.21	0.00	0.61	0.18	0.01
数字の逆唱	0.23	0.00	0.44	0.22	0.12
サーストン課題	0.14	0.00	0.52	0.26	0.08
名前・顔直後	0.15	0.00	0.55	0.18	0.12
名前・顔遅延	0.21	0.00	0.48	0.19	0.12
平均	0.18	0.03	0.40	0.30	0.09

図4-4　一般知能を構成するさまざまな個別の認知テストの遺伝と環境の関係（Pedersenら、1994）

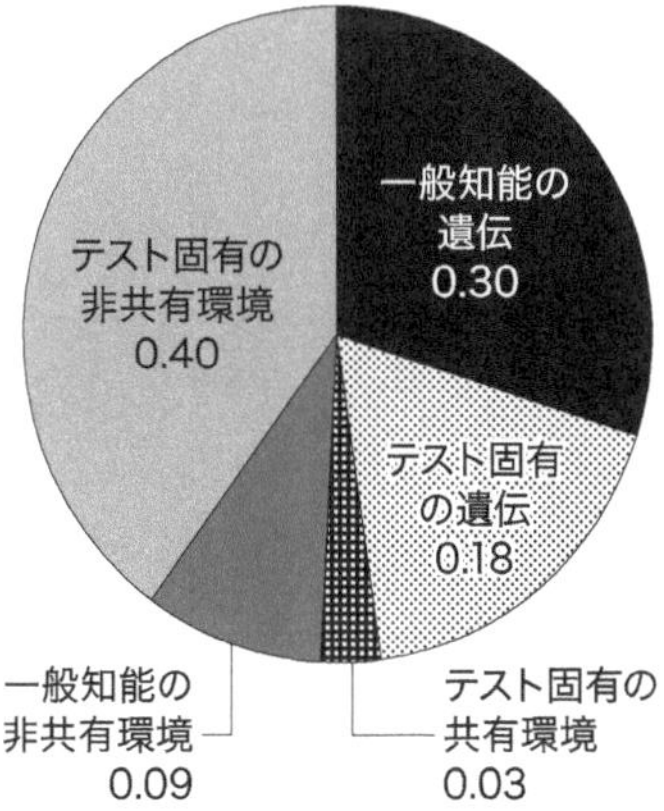

図4-5
一般知能とそれを構成するテスト固有の遺伝と環境の割合（Pedersenら、1994）

るわけです。そしてその背後にその領域について、一般因子で説明のつかない遺伝的素質があったかどうかも問題になります。

このことを入学試験の受験科目に当てはめると、たくさんの科目を受け、その合計点で勝負せねばならない国公立ではやはり一般知能の高い人、つまりＩＱの高い人が有利になることは否めません。しかし私立の入試科目数が少ないところを狙うとすれば、一般知能がそれほど高くなくとも、遺伝的に得意な科目を伸ばすことのできる自分に合ったよい教材や勉強法、相性のいい予備校や塾の講師との出会いなどで、それなりに偏差値の高い大学に入れる可能性がでてくるでしょう。逆に一般知能がどれだけ高くとも、特異な遺伝的素質が際立っていたり、かなり変わった環境で育てられたりすると、学力を押しなべて高めることには結びつかないけれど、その特異性が反映された独特な人間に育つかもしれません。

世の中に出ると、まず大事になってくるのはそれぞれに異なるさまざまな職務に応じた能力、つまり領域固有な知識や技です。学校秀才が必ずしも社会で活躍できるとは限らないといわれるのはこのためでしょう。一般知能でそこそこ何でもできたとしても、ともすれば器用貧乏に終わり、特殊な才能で頭角を現している人にはかなわないということが生ずるわけです。しかし特殊な才能も磨いた一般能力の高い人は、自分の専門分野をふまえながら、ほかの領域のことにも目配りをして、うまくすれば新たな分野の開発や、いろんな仕事をまとめあげてひとつの専門分野では解決できない課題を総合的に解決する仕事ぶりを発揮するかもしれません。

こうしていろいろなタイプの人がいて、協力しながら働き、共同で生きていくことができれば、能力のプロフィールに遺伝的優劣、遺伝的個性があることは必ずしも悲観材料にはならないはずです。そして誰でもが自分の頭の中にある特定の選手、つまり専門分野の知識と、チーム力、つまりさまざまな知識を結びつけてこの社会に適応する力の両方が、それぞれに必要です。

学業成績の遺伝子

学業成績に遺伝の影響があるのだったら、その遺伝子の正体もつきとめられているのかという疑問の声が聞こえてきます。もしそれがわかれば、遺伝子検査であらかじめいい大学に進めるかどうかわかると恐れを感じる人や期待をする人もいるでしょう。近年、遺伝子検査のビジネスが急激に盛んになっています。多くはダイエットや健康に関するものですが、すでに能力や性格を扱うものも出始めています。つまり学業成績にかかわる遺伝子探しが少しずつ結果を出し始めているのです。血液型が遺伝子の型によってA、B、O、ABに分かれるように、ある形質に対していくつかの遺伝子の型の違いというものがありますので、ある能力の高い人たちと低い人たちの間でどの型が多いかがわかれば、それがその能力に関連する遺伝子の候補といえるわけです。この方法を関連解析といいます。

たとえばＩＱの高低にかかわる遺伝子としてＣＯＭＴ、ＣＨＲＭ２、ＤＲＤ２、ＩＧＦ１などと名前の付けられたものが50個ほど指摘されています。学業成績でも同じようにいくつかの遺伝子が関与していることが示されています。いまはまだ大学合格できるか、その道で一流になれるかを言い当てられるにはほど遠いレベルでしかものをいうことができません。なにしろ10個くらいの遺伝子の情報をあわせても、せいぜい２～３％しか説明できないからです。

今日、研究者は遺伝子レベルよりもさらに細かい塩基レベル、つまりひとつの塩基の違い（これをＳＮＰ、スニップといいます）に着目しています。ヒトのＤＮＡは全部で30億対の塩基から成り立っていますが、塩基の種類がひとつ違うだけで異なるタンパク質がつくられ、体の組織や神経伝達物質などの性質の違いを生む可能性があります。遺伝子解析技術の発展により、いまやゲノム全体、つまり人間一人の持つＤＮＡ情報の全体について遺伝子チップという装置を使って、そのＳＮＰ多型を調べることもできるようになりました。これを全ゲノム関連解析（Genome-Wide Association Study; GWAS ジーワス）といいます。さらにＡＩの機械学習の手法を使えば、具体的な遺伝子を特定しなくても、どんな塩基配列のパターンだと能力が高くなるかをある程度の確率で予測することができるようになると思われます。

こうした研究はまだ発展途上ですが、おそらく早晩、比較的高い確率で能力（に限らず体質や疾患への罹《かか》りやすさ、あるいは顔の特徴なども）の基本的なレベルを予想することもできるようになると考えられています。すでに25％くらいは知能レベルや発達障害のリスクを予想可能というデータも出てきています。これではまだ人生を託すだけの利用価値はないレベルでしょう。しかし将来的には、子どもが生まれたときの遺伝子検査で、○○大学合格率25％とか、プロのダンサーになれる確率80％とかのレッテルが貼られるようになるかもしれません。

遺伝的素質を伸ばすには

こうなってくると、ますます遺伝子に関する情報が気になってくることでしょう。しかしよく考えてみてください。いまだってあなたは模擬試験の成績で、志望大学の合格可能性が確率で判定されます。ダンサーを目指してレッスンを受けていても先生からは「君にはセンスがないね」といわれたりもします。それどころか神社で引いたおみくじに「小吉。学業、志がかなう」などと今年の運勢が「予測」されてもいます。遺伝情報に基づかなくとも、いろいろな形であなたの可能性についての言葉は発せられています。それとどう違うのでしょうか。

いま「遺伝子」といわれると、何か科学的で決定的なものだという印象を持ちがちです。模試なら努力で、運勢なら次におみくじを引けば、変わる可能性がありますが、遺伝子だと一生変わらない。しかも生物学的な根拠が示されている。そのため絶対的で逆らえない感じがするのも無理はありません。肥満傾向や健康リスクを調べる遺伝子検査は、その逆らえない感じとともに、どうすればそれを回避したり軽減できるかについてのやり方までいっしょにアドバイスするのが一般的です。それによって健康に対する意識を高め、いわば真剣度を高めてダイエットや健康管理に取り組む心構えを与えてくれるでしょう。極端な話、その遺伝子検査の結果が間違いだったとしても、とにかく健康のために何かをしてくれればよいわけです。

同じことが能力についてもいえます。もしあなたが「ダンサーになる遺伝的素質がない」といわれたとしたとき、もしダンサーになるか別の道を選ぶか迷っていたとしたら、それを根拠にきっぱりやめる決意の後押しにすることもできますし、それでもどうしてもダンサーになりたいと思う何かがあなたの中にあったとしたら、それもダンサーになるための資質なのですから、遺伝的素質があるといわれたとき以上にレッスンの量と質を高めていけばよいわけです。

遺伝要因は確かに人生の歩む道に一定の条件を与えます。遺伝的に万人が平等ということはなく、何をするにしても、それに対するやりやすさ・やりにくさに遺伝的個人差があります。しかも現段階では、いや将来も、その遺伝的素質が何であるかは明確には語りえません。このあとに論じますが、そもそも才能というものはきわめて多様で複雑な身体的、心理的機能の独特な特質が合わさって、しかも長年にわたる学習と、学習を支える社会的条件の中でその形を徐々に現すものですから、名づけられた特定の遺伝子の有限の組み合わせだけでは予測しきれないものです。静的な情報として知らされる遺伝子検査の結果以上に、あなた自身が経験の中で感知する手ごたえや達成感の有無、将来の見通しや達成のための学習の仕方への気づき（それらもすべてあなたの遺伝的資質に由来しています）などに頼り、またもし指導者に恵まれることがあれば、指導者の助言も参考にしながら、自らの才能を築き上げるしかありません。

伸びしろにも遺伝

それにしても本能のように生まれつき持ち合わせた能力と違い、学業的な知識はどれももともと持っているものではなく、学ぶものです。それにも遺伝要因の影響があることを認めたとしても、それは学び始める最初のときに発揮されるセンスやカンなどに出るのであって、その後の伸びしろ、つまり学び始めたあとの進歩の具合は、どんな先生や教材に出会うかや、どのくらい学習に時間や労力を費やせるかといった環境の影響が重要だと考える方もいらっしゃるでしょう。しかしここにも行動遺伝学の三原則のひとつ、「いかなる行動にも遺伝の影響がある」が当てはまります。

この伸びしろ、つまり時間とともに増加するであろう学習の成果の上昇傾向についても行動遺伝学的研究があります。

たとえばアメリカで行われた400組を越す双生児を11歳から17歳まで追跡した研究では、11歳時点の学業成績に50％を越す遺伝の影響がまずあり、その後17歳までの伸びしろにも、11歳時点の遺伝要因とは別の遺伝要因が17％程度関わっていることがわかりました。そのうち勉強へ取り組む姿勢（宿題をちゃんとやるか、学校に進んで通っているか、いい成績を取ろうとしているかなど）やIQで説明できるのはわずか数％で、さらにそれとは別の遺伝要因がこの6年間の伸びしろにあらわれたものと考えられます。一方、共有環境つまり家庭環境も11歳時点および伸びしろにそれぞれ25％あまり効いていました。

2　遺伝と環境の交互作用

ここで「遺伝」のイメージをさらにふくらませる大事な話をしましょう。

「遺伝」というと、自分の意思ではどうしようもないもの、決められてしまったもの、宿命的なものという印象を持つ方が多いと思います。しかしその姿はもっとダイナミックなものです。つまり遺伝なら必ず出るわけではなく、出やすい環境と出にくい環境がある、あるいは表面化の程度が環境によって異なる場合が往々にしてあるのです。

たとえばこんな実験があります。目の前1m先におかれたボールを1分間じっと見つめてくださいといわれたときのまばたきの回数、「まばたきをなるべくしないように」といわれて1分間がまんしてまばたきしないようにした場合のまばたきの回数、そしてテストに没頭しているときの1分間のまばたきの回数をそれぞれ数え、ふたごのきょうだい間の相関を出します。その結果が図4-6です。

前方を注視しまばたきしにくい状態だと一卵性も二卵性もほとんど類似性を示しません。どちらもランダムといってよいほどです。つまりまばたきの数に遺伝の影響はまったくないといえます。またはっきりまばたきを意識して禁止されると一卵性の類似度も増えます。しかしそれほどでもありません。劇的なのはテストに没頭しまばたきのことなどまったく

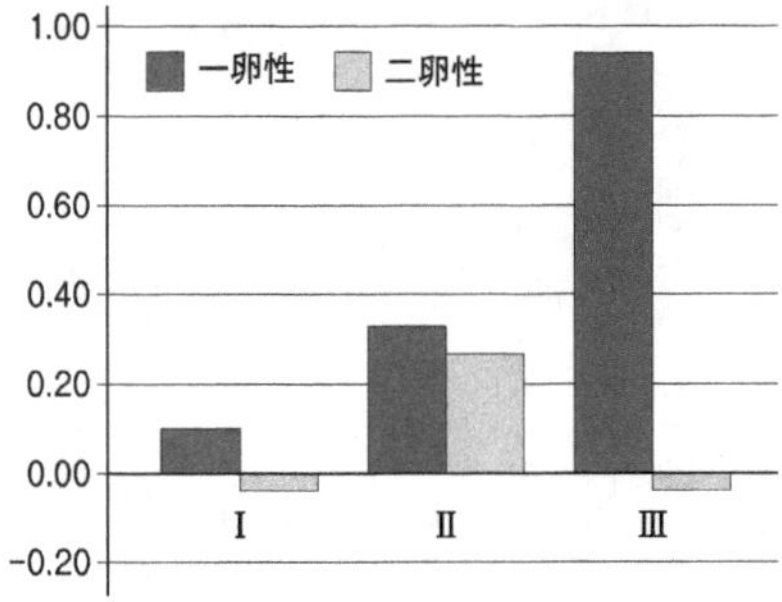

I：前方１mの物体を凝視
II：まばたきをしないように
III：心理テスト（まばたきを意識させない）

図4-6　まばたきの回数の双生児相関
（上武正二、1971）

意識に上らないようなとき、一卵性の類似性は大きく上がるのに対して二卵性はまったく似ていないという、きわめて強い遺伝の影響があらわれます。まばたきというのは、呼吸と同じように、ふだんは意識してすることはないですが、ウィンクなどのときには自分の意志で制御できる随意運動です。意志が関与すれば遺伝の影響はほとんどあらわれません。もし10秒に一回ずつまばたきせよとか、30秒間まばたきするなと命じられたら、そのとおりにできるでしょう。その意味では環境によって百%制御可能かもしれません。しかしそれではまばたき自体に遺伝が関係ないかといえば、決してそうではありません。ふだんの意識しない状態では、決定的に遺伝的な個人差があらわれるのです。

意識的にふるまわねばならない環境ならば遺伝の影響がないが、意識が働かない環境や自由にふるまえる環境になると遺伝の影響があらわれると解釈できそうな現象が、ほかにもいくつか報告されています。たとえば子どもが環境に対してどのくらい適応しているか観察して評点をつける調査で、自由に遊んでいる場面での遺伝の影響は65％とかなり高かったのに対して、テストをさせられているときにはそれが15％くらいでした。あるいは女の人の飲酒量の遺伝率は、自由気ままな独身時代は60％くらいですが、結婚して夫や家族との生活が優先されるようになると30％に下がります。ほかにも生活環境に制約の多い田舎よりも自由度の高い都会のほうが飲酒や喫煙の遺伝率が高いという報告や、宗教の戒律がゆるいほど異性と（不適切に）付き合う傾向の遺伝率が高くなるという報告もあります。知能指数の遺伝率が社会階層の高いほうが大きくなるのも、それだけ自由に選べる環境の選択肢が多くなるからでしょう。

このように遺伝のあらわれ方が環境によって異なるという現象のことを**「遺伝と環境の交互作用」**と呼びます。これは別の見方をすれば、環境の影響の仕方が遺伝によって異なる現象ということもできます。こうした現象をみると、**人間の行動は確かに環境の影響を受けるけれど、それは遺伝の影響を消し去るのではなく、ただたんに遺伝の差をどの程度顕在化させるかを変えているだけだといえます。**

個人差と教育環境

この話を教育に当てはめてみると、何らかの望ましい素質のある人には自由な環境を与え、素質のない人には手厚い教育的な手助けが継続的に必要ということになりそうです。もともと音楽やスポーツの素質のある人は、親や教師が無理やり特定の楽器や競技、特定の教育法に従わせるのではなく、それぞれの素質の赴くままに自由にやらせたほうがよい、しかし素質のない人は放っておくと音楽やスポーツをやろうとしなかったり、やっても適切でないやり方をしてしまいがちだから、先生が常に適切に導いてあげなければならない、というわけです。

また、仮にあなたが数学や語学の才能があって、ふつうにしていても周りの人たちよりもそのことに強い関心が向いてしまったり、自分からどんどん学びたいことが出てきてしまうようなら、役に立ちそうもない先生の指導など無視するか、自由にさせてくれる先生の下で、自らの関心に従って学習を進めたほうがいい、しかし才能が乏しくて、自分から進んでやる気にならなかったり、やってもどうしてもわかるようにならないとしたら、厳しい先生や上手な先生の導きに従ったほうがいい、という具合です。

こうしたことは、私が指摘するまでもなく、多くの場合は自然にそのようになっていることでしょう。憂慮する必要があるとしたら、才能があるのに、それを自由に伸ばすのを妨げる教え方に無理やり従わせようとする先生や学校の下にいる人、あるいは才能がなさそうという理由からよい教育を受けることを放棄させられている人です。特に後者の場合、才能がないことにお金や労力をかけることは無駄という考え方も一方で確かにあります。

しかしこの社会でまともに生きていくのに必要な知識や、この社会の出来事を適切に理解するために必要な知識——それは時代や社会によって異なるでしょうが、わが国の場合は義務教育の内容にかなり含まれているものと思われます——について、それを学習する才能の乏しい人にはやはり才能のある人以上によい教育環境を与えることが必要と思われます。もちろん特定の人に「才能の乏しい人」というレッテルを貼ること自体、その学習者の自尊心を傷つけ、本人にも周りの人にも差別意識を植えつけることになりかねませんから、あからさまにそうすることは望ましくないですが、遺伝のせいでできない人たちばかりでなく、遺伝的には素質があっても環境のためにやはりできない人もこの社会にはたくさんいますので、結果的に必要な知識が習得されていない人に対して、学習する機会をもたせ続ける仕組みを作ることは必要です。

一人ひとりの「よりよい学習環境」

遺伝と環境の交互作用は教室の中にもあらわれます。これは私自身が行った教育実験の話です。英語を文法訳読中心の教え方と会話中心の教え方に分けて、ふたごの人たちに別々に学んでもらったところ、遺伝的に言語性ＩＱが高く言葉を使って論理的に考える能力の優れた一卵性のペアでは、文法訳読中心の教え方のほうが会話中心の教え方よりも、文法テストの成績がよかったのですが、言語性ＩＱの低いペアでは会話中心の教え方でも文法訳読中心の教え方と同じくらいの成績でした。さらに遺伝的に社会的外向性の高いペアでは会話中心のほうが英語を使ってコミュニケーションをしたいという意欲が高かったですが、逆に遺伝的に内向的なペアだと文法訳読のほうが学習意欲は高いという結果でした。遺伝的素質の違いによって教え方の効果も違うことが示されたわけです。

実際、同じ教科や学習内容でも、先生やテキストによって、その面白さや理解度が異なるという経験をしたことがあるでしょう。それは先生の教え方のうまさ、テキストの書き方のうまさによることももちろんありますが、そもそも人によって、その遺伝的個性がどの教え方やどの書き方により合っているかが違っているからでもあるのです。ひょっとしたら多くの人が「あの先生の教え方はいい」「この参考書はすばらしい」といっていても、あなたにとってはそう思えないということだって、あるかもしれないわけです。その感覚は決して根拠のないものではなく、遺伝的な違いによるものかもしれないのです。このような遺伝と環境の交互作用による学習のあり方の向き不向きという現象は、おそらくいたるところに転がっていると考えられます。

それならその現象の法則性を、私の研究のような実験を積み上げて科学的に確かなものにすれば、まさに遺伝的素質にあった教育をつくれるようになるという希望につながります。おそらくそうでしょう。しかしいまの研究は残念ながらそのような知識の体系化には必ずしも向かっていません。それにはいろいろな理由が考えられますが、ひとつの大きな原因は、こうした遺伝と環境の交互作用という現象が、たいへん複雑で不安定であるということがあると思います。何しろ遺伝要因の多様性は、おそらく何十、何百、何千もの遺伝子の組み合わせからなり、また学習内容やその学習の仕方たるや、時代や文化とともにいくらでも増えていきますから、事実上、無限に多様であるからです。近い将来、ＡＩによってこれらの多様性に関するビッグデータから、一定の実用的な知見が生み出される可能性はあるでしょうが、現時点では難しいといわざるを得ません。

しかし考え方として、学習環境に対する一人ひとりの適応性は、さまざまなところで遺伝的差異を反映し、その向き不向きに必然性があるので、その人に応じた「よりよい学習環境」を探求することが重要であり、そのときの一人ひとりの微妙な感覚や手ごたえの違いには、遺伝学的な根拠があるという認識で、考えていくことが大事だということが言えると思います。

3　能力には遺伝的基盤があることを認めたとき、どう考えるか

「できない」理由

これまでのところ、知能や学業の能力をあくまでもテストで測られた成績で見てきました。そして学業成績を上げること、テストの得点や偏差値を上げることだけについて考えてきました。しかしそんな表面的なことではなく、そもそも成績とは何か、テストとは何か、その得点が低いとはどういう意味なのかまでさかのぼって、能力に遺伝的基盤があることの意味を考え直してみましょう。

どんなテストにも「正解」というものが決められています。テストに出された問題にどれだけ速くたくさん正解を出すことができたかが、とりもなおさずその人の知識量や知識の使い方の迅速さ・正確さであり、それが得点として数量化されて学業成績がつき、入学できるかどうかが決まるわけです。もちろん正解が必ずひとつに決まるものばかりではないですし、いわゆる正解か不正解かではなく、スポーツのようにより速くより強くとか、美術や音楽のようにより上手で美しいほうが得点が高くなるというものもあります。ただいずれにせよ、そこでは何らかの基準で「正しい」とか「よりよい」というモノサシが作られていて、それにどれだけ合っているかが評価されて、得点化され、成績として記録さ

れるわけです。

もしあなたが何かのテストにおいて成績が悪かったとすれば、それはあなたの知識や能力が、そのテストを作った人たちが正解と考えるもの、よりよいと考えるものに至っていなかったことを意味します。あなたの側から見れば、おそらく先生が教えようとした知識が、先生の教えようとしたとおりには十分理解できていない、あるいは言われたとおりにできないということになります。

さあ、あなたがその知識を先生が求めているようには理解できなかった理由、あるいは言われたとおりにできなかった理由は何でしょうか。いろいろあるでしょうが、理由を大きく次の二つにわけて考えてみたいと思います。つまり、ちゃんと学習すればできたがちゃんと学習しなかった場合（ちゃんとやらなかったタイプ）と、ちゃんと学習したのだけれど理解できない、あるいはちゃんとやろうとしたのだけれど頭や体が教わったとおりにできなかった場合（やったのにできなかったタイプ）です。

結果期待と効力期待

「ちゃんとやらなかった」タイプとは、学習する機会が時間的にも教材や場所的にも人並みにあったにもかかわらず、さまざまな理由から学習に十分に手をつけなかったタイプです。

これでしばしばあるのが、結果を出すためにやるべきことはわかっている。だけどそのやるべきことをしなかった、あるいはできなかったというケースです。心理学では「結果を出すためにやるべきことがわかっている」かどうかの部分を「結果期待」、その「やるべきことができる」かどうかの部分を「効力期待」と呼んで区別します。ここでは結果期待はあるが効力期待がない場合をいっています。しかしそもそも結果を出すために何をすべきかわかっていない(何の勉強をしたらいいのかわからない、あるいは勉強の仕方がわからない)ために勉強をしていなかったとしたら、まずは結果期待を持つことからはじめねばなりません。東大に合格するには、TOEICで800点以上取るには何をどんなやり方でどのくらいの時間、勉強すればいいのかを認識するところからはじめる必要があるわけです。そして何かができないと思い込んでいる人は、その具体的な結果期待を持つ以前に、最初からあきらめてしまう、あるいは結果期待を想像する能力がないことが少なくないでしょう。

この能力に遺伝的影響があるかどうかの研究はまだありませんが、行動遺伝学の第一原則からすれば、おそらくここにも遺伝的個人差が多かれ少なかれ反映されていることが想定されます。できる人は、どんな学習をすればできるようになるかに思い至る能力も持っていることがしばしばだからです。しかも学習をして上の段階に上がると、さらにその上にある学習段階が自ずと見えてくるようです。しかし、だからこそこの部分はまさに教師の支援が威力を発揮しやすいところだともいえるでしょう。自分の力では勉強の仕方がわからないから学習が始まらないとしたら、その部分を教師が後押しして学習に取りかからせてみると、その学習行動自体に関わる遺伝要因や学習の内容への関心に関わる遺伝要因が発動して、学習を続けることができるかもしれないからです。

偏差値を30から70に上げたという「ビリギャル」などは、まさにその例だったのかもしれません。ビリギャルは、いろいろな事情の中で、中学入学以来ほとんど勉強せずに楽しいことばかりし続けたために、学校では人間のクズと呼ばれ、高校生になっても「聖徳太子」を「せいとくたこ」という太った女の子と勘違いするほどの学力だったそうですが、あるきっかけから熱心で有能な塾講師と出会い、初めて学習するための最終目標と達成可能な学習課題を与えられて結果期待を持たせられ、その達成のための効力期待が持てるような学習方法まで丁寧に指導されたようです。その結果、短期的に集中的に努力を傾け、偏差値を40も上げて慶應大に合格したとされています。これは受験科目が少ないことが幸いしたとても極端な事例かもしれません。人によっては貧しさや病気のせいなど何らかの事情があって、勉強をしたくてもできない人もいるかもしれません。このように何らかの事情で学習しないまま学齢期を過ごした結果、気がついたら取り返しがつかないほど勉強が遅れてしまっているのを学業成績が悪いだけで生まれつき頭が悪いと自分も周りも思いこんで、「自分の（この子の）人生なんてそんなもの」とあきらめている子どもや親や先生は、この日本に決して少なくないでしょう。そういう思い込みで閉ざしてしまった勉強への鍵を開けるには、偶然を含むさまざまなきっかけが必要です。誰にでも必ずビリギャル現象が生じる保証はないと思われますが、こうした「しなかった」「やれなかった」タイプは、次の「できなかったタイプ」とは異なり、やればできる可能性があります。

「プラトー」に直面したら

さて、それではちゃんとやってもうまくできなかったタイプ、十分な時間を割いて学習したにもかかわらず芳《かんば》しい成績を出せなかった人たちについてはどうでしょうか。

あることを学習し続けてゆくうち、やがて理解できなくなったり、伸び悩んだりしてしまうことがあります。心理学では「プラトー（高原状態）」と呼びます。プラトーはたいがいの学習で、いろいろな段階で生じ、ふつうは学習中の知識の体制化、つまり整理整頓を行っている段階と考えられています。これは少し休んだりあせらず地道に続けていると、次の成長段階に移行するといわれています。ですからそれを遺伝的限界と考える必要はありません。ただそれを何度も繰り返し、それなりにいろいろなやり方を工夫して学習し、もはや初心者の域を脱したときに経験する伸び悩みは、いわゆる「スランプ」と呼ばれ、もう少し深刻です。その先の上り道がやがて訪れる「高原」ではなく、もう頂上に達してしまっている、つまり遺伝的素質の限界かもしれません。

　しかし先の道筋が地図によって示されていない以上、どちらかわかりません。頂上ではないかもしれない。それはまだ試みていない別のやり方でできるかもしれない、あるいは一定の時間をもっとあけてやれば同じやり方でもわかるようになるかもしれないからです。

　考えられるあらゆるやり方をやりつくした、しかも時を隔てて何度もいろんなやり方でチャレンジしてもみた、しかしそれでもやはりできるようにならなかった、わかるようにはならなかったとしましょう。それは本当にそのことに対して遺伝的素質が「なかった」ということになります。これには非常につらいものがある。何しろかなりの時間をかけて、場合によっては子どものころから何年も、ひょっとしたら十何年もかけて、それに取り組んできた末に、できないという事実に直面しなければならないわけですから。そう認識するかしないかの瀬戸際で「あきらめる」べきか否かという問いに直面し、自問自答することになります。そんなに簡単にあきらめられるでしょうか。それをすること自体をあきらめて別の道をまたゼロから歩み始めるのか、あるいはそれをすること自体は続けるとしても、いままでの目標をあきらめて、別のところに目標をさがそうとするのか。とにかく強い挫折感、取り返しがつかないという重い後悔の念がつきまとった末の苦しい選択を強《し》いられることは避けられないでしょう。

行動遺伝学の知見を知らないときには、どこまでも環境のせいかもしれないのだからと自分に言い聞かせて、「可能性にかける」「努力する」「継続は力」「待つ」「祈る」「神さま、仏さま」……など数々のお題目を心に唱え、「あきらめる」という選択肢を敗北とみなして、疲れきるまで走り続ける道しか示されていませんでした。しかし皮肉なことに、行動遺伝学が「遺伝」の影響の存在を「雄弁に」示したことによって、「それはあなたの努力や祈りが足りなかったからではない、そういう遺伝的な条件で生まれたからかもしれない、だからあきらめてもそれは敗北ではなく、正当な選択肢の一つだ」と考える権利をあなたに示してくれたことになります。行動遺伝学は遺伝を理由にしてあきらめる権利を最後通《つう》牒《ちょう》としてあなたに伝えるという哀しい役割を演ずるのです。

あきらめないことの意味

厳密に言えば、「遺伝的素質がない」ことを完全に証明することはできません。いかなることであれ、未来に何が起こるかはわからないのですから、その意味で可能性は無限に開かれているというのも論理的には正しい。特に知識習得や能力の獲得のための学習可能性はそうです。どれだけある時点ではやりつくしたと思っても、その後の経験が何かを変えて、気がついたらできるようになっていたということは、ままあるものです。ひょっとしたらある時点で「素質がない」とあきらめ、その後の人生の流れを変えて何十年も経ってから、昔あきらめたことを改めてやってみたら、すんなりとできるようになっていて、結果としてその素質はあったといえるということだって、絶対にないとはいえません。

行動遺伝学が「それは遺伝的限界かもしれない、だからあきらめていいんだよ。こうなったら一刻も早くあきらめて、別の道を探しなさい」とささやいてくれたとしても、あなたにはどこまでも希望を失わないで努力し続ける「権利」、そのうえで結果を「祈る」「待ち続ける」権利があります。そもそもそれほどの思いがあるのであれば、そのような思いを持ったこと自体があなたの何らかの遺伝的才能ですから、何か意味があると考えるべきでしょう。

たとえば仏道を歩み続けるとか、武道・花道・茶道、あるいは芸術を究めるというような営みであれば、常に「より高い境地」を求め続けることこそがその本義であり、「究めつくした」最終地点などはないといえるでしょう。あなたの取り組んでいることがそのようなものであるなら、むしろ遺伝的才能の有無を問うことが無関係な領域だといえます。いえ、行動遺伝学の知見からすれば、それでも「境地」へ進むあり方には何らかの遺伝的な素質が反映され、それに伴う迷いや苦悩のあり方や深さにはそれらが反映してくるはずです。しかしその苦悩に直面しながら立ち向かう姿勢を学ぶこと自体が、それぞれの「道」で学ぶべき課題なのであり、まさに己を知ることになるのですから、その意味で遺伝的素質のありなしや程度は問題ではなく、「あきらめる」必要もありません。

もしあなたにとって学校の勉強も、テストで落第しないため、いい点を取るため、入学試験にパスするためなどではなくて、そのような宗教・武道・芸道と同じであるとみなせるのであれば、それこそ数学道、歴史道、科学道、語学道、さらには学力試験道をどこまでも究めつくせばよいでしょう。実際、中学や高校の教科の中で、方程式や微分・積分や三角関数のしくみを理解するとか、歴史の流れを理解するとか、分子や原子のしくみを理解するとか、英会話や英作文を上手にできるようにするといった知識や能力の習得について考えた場合であっても、そのような「道」の世界での修行であると考えることはできます。そしてそれぞれの「道」の奥深さを考えれば、本来はそうあるべきであるとすらいえるのかもしれません。

もしそうだとすれば、学年制などという縛りは設けず、ましてや卒業などという区切りもつけず、「幕下」「関脇」「大関」「横綱」、あるいは「前座」「二つ目」「真打《しんうち》」のように、専門家の目による力量の絶対評価によって格付けされ、仮に最高クラスの横綱や真打になったり、免許皆伝して師匠や師範を名乗ることになったとしても、常にその道を精進し続け、一生を通じてそれを追究し続ければよいのです。

勉強は何のためにするのか

多くの人は、学校の勉強はすべてテストのため、テスト問題が解けるようになるため、テストでよい点をとるため、テストに合格するためという考えを頭から消し去ることはできません。いや消し去るどころか、それがほとんど唯一の目的になっている場合すら少なくないでしょう。テストが終わったら学習したことをほとんど忘れてしまうというむなしい経験は誰もが持っているはずです。勉強したときは「わかった」「できるようになった」と思っても、そのあとその知識を使う機会もなく時間がたてば、びっくりするほど忘れているものです。ましてや意味もわからず公式や年号や用語を覚えて点を稼いでも何も残りませんし、カンニングペーパーに頼りでもすれば、当然のことながら、はじめからほとんど何も学習していないのと同じです。テストのための勉強や対策が表面的であることは、おそらく誰でも認識しているでしょう。それでも「テストのために勉強する」という発想がなくならないのは、それによって進級や合格といった人生の重要な通過点や分岐点を左右する手段、あるいは儀式として、テストが社会の中に確固として位置づけられているから、そして（カンニングペーパーは別として）テストのために勉強したことはそれでも何がしかの役に立つ価値のある知識であり、その価値を得るための必要悪と考えられているからではないでしょうか。

テストのために勉強することに価値や手ごたえを見出している方、テスト勉強を通じて何か大事なことを学べていると実感している方もいるでしょう。それがクイズを解くように面白くて、点が上がることがゲームをするようにわくわくする人もいるはずです。しかしここでテストと学習との関係を一旦断ち切ってほしいのです。**そのうえで、そもそも学校が本来与えてくれる学習経験があなたに、そしてこの社会に、いったい何をもたらしているのかを考え、そのうえで改めてあなたにとって学習することがどんな意味を持つのかを考えてみてほしい**のです。

このことをイメージしてもらうために、テストなどと関係のない「学習」を考えてみましょう。たとえば好きなテレビ番組や映画を観る、興味をそそる本を読む、インターネットでネットサーフィンをして情報検索する、友だちや見知らぬ人の話から新しい知識を得る、アルバイトや会社の仕事を先輩や上司に教わったり、仕事の仕方を見て覚える、自分一人の力で考える……。これらは第1章で説明した個体学習・観察学習、そして（学校だけに限らない）教育学習のすべてがその範囲になります。こういった経験からも私たちはたくさんのことを「学習」しています。そしてテストされることもありません（仕事では成果がより厳しく問われるかもしれませんが)。

趣味であれ仕事であれ、こうした学習によって習得した知識は、学校の教科で学んだ知識以上に身につきます。それは自分自身の好みや必要に応じて、強い興味や切実さをもって吸収され、自分の心に刻まれます。いわばあなた自身の心や体をつくるのです。そしてそうして学んだ知識が、次の自分の行動や考え、判断の土台となり、さらにその先の学習を導いてくれます。

行動遺伝学の第一原則に従えば、そうした好みや必要は、あなた自身の多様な遺伝的条件が生み出したものと考えられます。もう少し生物学的にいえば、あなたのその場・その時点で発現した遺伝的条件が生み出す心の生物学的状態が、その場・その時点の環境に対して適応しようとした結果が、それに対する好み・必要性・興味・切実さとしてあなた自身に感じられているといえます。それには生物学的な意味があるのです。もしつまらない、できない、意味がわからない、真剣に取り組む気にならないといった気持ちになったとしたら、それはそれであなたにとって何らかの生物学的意味があるといえるはずです。

そのときその科目やその内容のすべてについて、ただちに「できない」、「わからない」と思って理解することをあきらめたり、意味もわからずテストの点を取るためだけの姑息《こそく》な暗記術や選択肢の正解の選び方のテクニックを学ぶのではなく、**その科目や学んでいる**

ことがらの中に、何かあなたにとって意味のあるものを見出すことはできないでしょうか。

あなたなりの理解の仕方がある

私は歴史がとても苦手です。歴史の教科書は面白くないばかりでなく「わかった気」がしませんでしたし、それなりに面白さを感じる歴史書や歴史小説を読んで、そのとき何かわかった気がしても、哀しいかな、3日後にはほとんど忘れてしまっています。それでも興味を持てることがまったくなかったわけではありません。たとえば哲学や宗教の発祥に関すること（ギリシアの哲学やキリストの生涯、孔子や老荘の思想など）、それから天平《てんぴょう》時代から鎌倉時代くらいまでの仏像を見ることとです。といっても決して歴史オタクのように詳しくなったわけではまったくなく、ほかの内容よりは感情的に寄り添えるものが少しある程度のことで、ちょっと詳しくないと解けない問題がテストにでれば、人並み以上にいい点が取れることはないでしょう。しかし少なくとも歴史の教科書の大部分を占める政治や経済の話がまったくわからないのに比べれば、意味を感じられます。そして人生のさまざまな折に、それらに関する書物や映画に触れる機会がほかの領域より多くなり、何かの議論をするときにほんのわずかでも生かされています。

このほんのわずかな知識の断片、ひょっとしたら誤解もたくさんあるだろう歴史に関する私の理解は、日本史や世界史の科目として点が取れるほどでないとしても、意味がないとは思えないのです。それは学校でテストのために勉強していたときは気づかないことでした。しかしその後の人生経験を積む中で、意味のつながりが生じてくる「知識」となっています。それはテストで問われたときに答えるような形の知識ではなく、まさにその教材と出会ったときに心に呼び起こされた知識の形をしていることが多いように思います。それはきっとその教材が、その領域に関する私なりの遺伝的素質を開花させてくれたものではないかと思います。だからこそ、テストで好成績をとる遺伝的素質がないからといって、学ぶ機会がなくてもよいものとは思えないのです。

テストというものは、その作り手がいます。その作り手は、たいていはその科目の先生や、その専門領域についての学術的な専門家です。その作り手たちが学ばせたいと思っていることと、学習者であるあなたが自ずと学んでしまうこととが、一致する保証は必ずしもありません。

あなたにはあなたなりの理解の仕方や取り組み方、解決の仕方があってよいとしたら、学校での学習に対する姿勢も変わるのではないでしょうか。学業成績に遺伝の影響が大きくあること、テストが解けず、成績がよくないことの原因が、あなた自身の持って生まれた、何らかの必然性を持った遺伝的条件にあるのだとしたら、そしてあなたが曲がりなりにも学んだ知識を使ってこの世を生きていかねばならないのだったら、あなた自身の遺伝的条件に合った理解の仕方、取り組み方、問題解決の仕方を自分で編み出さねばなりません。いや、実際編み出そうとしているのです。その結果が学校では学業成績となって表れているのです。

このことはあなたが学校を卒業し実社会の中で生きていくときもいえることです。「実社会」という学校で、あなたは職場や地域や旅先で出会う人々のふるまいや言葉、本や雑誌やテレビやインターネットから発せられる無数の情報、そして何よりも実社会の中での実際の体験という、いわゆる学校で出会う種類と量をはるかに超える「教材」によって、生きるための個体学習・観察学習・教育学習を常にし続けています。そのどの瞬間にも、あなたの遺伝的素質があぶりだされ、あなた独自の知識を生み出し、あなた自身を作りあげていきます。その成果は当面、そのときの収入や社会的評価という形で目に見えるものになりますが、それすらも時々刻々と変わる社会状況という非共有環境によって変化し続けています。遺伝要因が作り出したあなたの知識の集積と、「いま、ここ、それ」が与える非共有環境との出会いが、いまのあなた自身です。**さあ、あなたはこれからどこに向かって何を学習し続ければいいでしょう。**

第三部　教育の脳科学

第5章　知識をつかさどる脳

教育によって学ぶ動物としてのヒトを生物学的に理解するために、第一部では進化から、第二部では遺伝から考えてきました。最後に考えたいのは、「脳」についてです。なぜなら何らかの意味で「脳」をうまく変化させ、うまく使わせることこそが、教育による学習が目指していることであり、そして「教育」という特別な学習の仕方を生み出しているのが、ヒトの「脳」という臓器だからです。

脳とは何か——知識を学習し創造する臓器

体の中にはたくさんの臓器があり、それぞれが生きるための特別な働きをしています。肺は呼吸する臓器、空気を吸い込んで酸素を取りこみ、空気中に二酸化炭素を吐き出す役目をします。胃は食べ物を消化する臓器、食べ物を分解し生きるために必要な材料やエネルギーをその先の腸で吸収しやすくしてくれます。では「脳」はどんな臓器ということになるでしょう。

脳は神経のかたまりです。それ自体、大脳、小脳、脳幹といったいろいろな部分から成り立っていますが、ひっくるめて身体全体の神経情報を調整する臓器といえるでしょう。そして特に人間では、「精神」とか「心」と呼ばれる状態を生み出している装置でもあります。さらに教育との関連でみると、**脳は「知識を学習し、知識を使い、知識を生み出す臓器」といえるでしょう。**学習をする、つまり経験によって行動が変わり、それが知識や記憶となって長期的に蓄えられるとは、神経組織の中に何らかの変化が生じ、知識の痕跡が残ることを意味します。その変化は、神経のある状態の変化が長期にわたって持続することや、新しい神経細胞間のネットワークができること、それによって特定の部位の神経密度や体積が大きくなることといった形で現れます。またそうして蓄えられた知識を、生きていく中で直面するさまざまな「いま、ここ」での問題を解決するために使います。そのときに、変化した神経組織の状態があちこちで活性化し、それらがネットワークで結びつきながら、直面する問題に対して何らかの適応的な使われ方をするのです。もし知識の適応的な使われ方ができなければ学習した意味はありません。

脳も進化の産物です。ヒトの脳は脳幹の上に大脳辺縁系と大脳皮質からなるいわゆる大脳がかぶさり、またその後部に細かく波をなすようなしわが特徴的な小脳がついた形になっています。脳には他にも生命維持に関わる間脳があり、その下に脊椎がつらなっていますが、学習にとって重要な働きを示すのが、大脳です。

大脳はその名のとおり巨大です。もっとも、巨大といっても実はせいぜい自分の手のこぶしを左右合わせた程度の大きさ、容積は個人差はありますが、平均して１３５０ccくらい、つまり1リットルよりもやや大きい程度にすぎません。その容積だけなら肝臓や肺よりも小さいものです。心を生み出し、学習を生み出している臓器がこんなに小さいのは、工場のような建物に収められたスーパーコンピュータの大きさと比較してみて、ある意味で驚きです。ちなみにゾウやクジラの脳のほうが、物理的な容積は大きいのですが、かれらは体自体がヒトよりもずっと大きいので、その体の大きさに対する脳の大きさという点で、ヒトは動物の中でぬきんでています。

また重さという点では、人の臓器の中でも最も重い臓器です。それくらい神経細胞が密集しているからです。脳が巨大だというべきなのは、それが数百億から一千億もの神経細胞（ニューロン）からなり、しかもその神経細胞のひとつひとつから、数万の樹状突起が他の神経細胞に向かって伸びて、他の神経細胞とシナプスと呼ばれる隙間を持った接合部分によって互いにつながりあっている点でしょう。そのシナプスの数は全部で１５０兆箇所もあり、近い神経細胞から遠い神経細胞まで、想像を絶するほどの複雑なネットワークをなしているということです。脳の働きと言った場合、一つ一つの神経細胞がどんな役割を果たしているかも重要ですが、さらに近くの神経細胞どうしで作る小さなネットワーク、そして遠隔するネットワークとの間のさらに上位のネットワークという複雑なネットワークの階層関係がどう働いているかが重要になってきます。

これは人間社会の成り立ちにも似ているといえるでしょう。人間は一人ひとりがどんな能力を発揮するかが重要であることは言うまでもありませんが、その人を取り囲む家族や職場といった身近な人たちとのネットワークの中でそれは働いています。しかもたとえばひとつの職場のネットワークが生み出す仕事は、遠くにある他の会社や他の地域が作るネットワーク、さらには世界中にちらばるさまざまなネットワークとさらに上位のネットワークを作り、製品やサービスや情報のやり取りをしているのと同じイメージです。人類の人口はいま76億人で、その人たちが作るネットワークですら全体が見えないくらい巨大です。しかも人間の場合、しばしばあちこちにひずみすら生じています。それに比べて人の数より10倍以上多い神経細胞が作る複雑なネットワークが、整然と人一人を生かしてくれていることを考えると、そのすごさに感嘆せざるを得ません。ひょっとしたら、人間の社会も大脳のしくみをモデルに構築されれば平和が実現できるのかもしれません。

作動記憶と長期記憶

ここで人間の知識が脳に蓄えられ、また蓄えられた知識が実際に使われるしくみの中で、基本的で重要なことがらを確認しておきましょう。それは心理学や脳科学でいう「作動記憶（ワーキング・メモリ）」と「長期記憶」の区別です。「作動記憶」とは、外から入ってきた情報あるいは知識という物資を加工して新たな知識を作る「作業場」に当たります。一方「長期記憶」とは、そうして外から入ってきた知識や新たに自分で作った知識を蓄えておく「貯蔵棚」あるいは「貯蔵庫」の役割に相当するところです（図5－1）。

図5-1　作動記憶と長期記憶の関係

ここで物資が的確に使われるためには、蓄えておく貯蔵庫さえあればよい、外から物資が届いたら何も考えずにその貯蔵庫にひたすら溜め込めばよいのではなく、その物資がどんなものかをきちんと判断し、同じ種類のものをまとめたり、使用頻度の高いものを取り出しやすいところにおいておくなど、適切な場所に保管することが大切です。そして何か作ってくれと頼まれたとき、必要なものは何かを判断し、不必要なものには手をつけず、必要なものだけを上手に取り出して、求められたものを作ることが要求されます。複雑な物事が首尾よく運ぶためには、そういう作業場のような機能がきちんと働いていることが必要なのです。

人間の学習も同じです。人間の脳は知識をやたらめったら溜め込んでいるのではなく、「作業場」で働く作業員が、外から入力してきた情報を、それがどんな意味を持つかきちんと判断し、意味のある必要な情報を、これから先も使えるような形に加工して、脳のどこかの「貯蔵庫」に整理して蓄えています。

作動記憶とは、まさに「働いている記憶」、つまり心を働かせて心に宿った情報をせっせと処理している状態を指します。一方、長期記憶とは、あなたが持つさまざまな知識や思い出のことを指します。まさに「記憶」です。記憶は思い出そうとしたときに意識に上ってきますが、ふだん必要がなければ思い出されることはありません。しかし消えてなくなっているわけではなく、必要なときに「検索」され作動記憶の中に立ち現れて、いま入ってきた情報と照合したり（「これってなんだっけ、ああありのとき聞いたあの話のことだ」のように）、比較（「この情報はあのときの出来事とここが同じだけど、そこが違うな」のように）や統合（「この情報とあの情報とをまとめてみると、こういうことになるな」のように）などをしています。つまり作動記憶は、情報の管理人として、いま入ってきた情報とすでに持っている情報（＝知識や思い出）とを結びつける働きをしているのです。

なぜ管理人の働きが「作動〝記憶〟」なんだ？　「〝長期〟記憶」があるなら「〝短期〟記憶」という言葉もあるはず（実際にあります）なんじゃないか？　とすでに言葉の使い方に混乱を覚えている人もいるかもしれませんね。そうだとしたら、その「混乱」の気分、「それっていったいどういうことだろう？」と考えようとする心の働きこそが、まさに作動記憶が記憶として管理人の働きをしている証拠です。だって管理人は、入ってきた物資をいったん目の前に置いて、これは何か、貯蔵庫のどこにしまうかを判断しなければならないでしょう。その判断のために「いったん目の前に置く」という作業が、まさに「記憶」の部分です。あなたがこの文章を読んで、「あれ？　なんだろう、なぜだろう」と立ち止まって考えようとしたのなら、あなたはその時点でその情報を「いったん意識の中に置く」という作業をし、それについて「考える・判断する」という作業をしているはずです。そういう作業（work〈ワーク〉）のために作動する（working〈ワーキング〉）記憶（memory〈メモリ〉）だから、ワーキング・メモリ、つまり「作業記憶」とか「作動記憶」とかと呼ぶのです。

時間的制約

作動記憶が判断の作業のために費やせる時間は決して長いわけではありません。何しろ物資（＝情報）は次から次へと入ってきますから、前の物資は脇にどけなければなりません。そこにある時間はきわめて短期、人間の情報処理の場合、せいぜい20秒か30秒程度と考えられます。そう、〝作動〟記憶は〝短期〟記憶の一部なのです。しかしそれをあえて短期記憶と呼ばずに作動記憶と名づけるのは、短期記憶の中でも、ただ情報をその場で一時的に「貯蔵」しておくだけでなく、貯蔵しながらそのことについていろいろな判断や意思決定を下す、「処理」の機能を併せ持って働かせているところがミソだからなのです。

ちなみにそういう「処理」をせずに、ただ入ってきた情報をそのまま覚えておけばよい場合、たとえば「これからいう電話番号に電話をして。はい、０３－２４６８－１３５７」とメモも取れないところでいきなりいわれ、それを覚えてすぐ電話をかけねばならないような場合、それがただの短期記憶（「一次記憶」という人もいます）です。

この短期記憶、あるいはその中の特別な使い方である作動記憶には、時間的な制約だけではなくて、量的な制約もあります。先の図５－１の作業台がとても狭いことに着目してください。台から何かがはみ出してこぼれ落ちています。電話番号はだいたい10桁《けた》ですが、それすら一度聞いただけで覚えるのは大変、覚えきれず短期記憶からこぼれ落ちてしまう人もいるでしょう。これがもし20桁もあったとしたらまず覚えられません。ジョージ・ミラーという心理学者は、この覚えられる桁数が成人で7±2桁だといいました。この7という数値、1週間の曜日の数、世界七不思議、虹の七色などと不思議と呼応する特別な意味のありそうな数だとして、ミラーは「マジカルナンバー7」というしゃれたタイトルをその論文につけたという逸話があります。

しかしたとえばいまの「03－2468－1357」の10桁を、ひょっとしたら「東京で、偶数と奇数が順に小さいほうからならんだもの」と気づいた人がいたとしたら、覚えておかねばならないのは「東京、偶数、奇数」の3情報だけで、なにも10桁である必要はありません。ワーキング・メモリの容量は、示された情報の見かけの分量よりも、このように意味を成すまとまり（これをチャンクと呼びます）の数で数えるものといわれています。この場合3チャンクです。そしてチャンクで数えた場合、ヒトがワーキング・メモリで扱うことのできる情報量は7ほどもなく、大体2～4程度だといわれています。

ワーキング・メモリを感じてみよう

誰でも、ちょっとでも何かを考えようとしたら、必ずワーキング・メモリを使っています。先ほどもいいましたが、この本を読んでいる時点で、あなたのワーキング・メモリはフル回転しているはずです。たとえば「ワーキング・メモリ」「短期記憶」「長期記憶」といったコトバを聞いたことのない人は、これらがどんな関係にあるのか、私の書いたこれまでの文章からその関係を考えながら読んでくださっていたでしょう。「ワーキング・メモリとは情報を貯蔵しながら処理するという短期記憶の働きの一部である。短期記憶は長期記憶ではない……」などといった知識を頭の片隅に置きながら読み進み、次から次へと出てくる新しいことがらを結び付けているはずです。

n-back課題

心理学者がワーキング・メモリを研究するときに用いる実験課題にn-back課題とリーディング・スパン課題があります。

数字の列を順番に1秒に一つずつくらいのペースで読みあげるのを聞きながら、耳に入ってきた数字が一つ前に出てきた数字と同じだったら「はい」と合図します。

2-4-7-3-3（ここで「はい」がいえねばなりません）-6-1-1（ここでまた「はい」）……

これは簡単でしょう？　次は同じように数列を聞きながら、二つ前にでてきた数字と同じだったときに「はい」といいます。

5-8-2-2（ここで「はい」といってはいけません）-6-2（ここで「はい」がいえねば

なりません）－6（ここでも「はい」がいえねばなりません）－3－7－1－7（「はい」）……

これを「2－back課題」といいます。

さらに同じように、三つ前の数字と同じだったときに「はい」をいいます。これが「3－back課題」です。このようにしてn個前にさかのぼった数字をターゲットにした「n－back課題」を作ることができます。nが大きければ大きいほど難しくなります。そこでは次々に出てくる数字を頭の中にキープ（貯蔵）しながら、いまいわれた数字がその指定された箇所の数字と同じかどうかを判断（処理）する、しかも数字が進むごとに、新たにその間に出てきた数字にその一時的な意識の貯蔵庫の中身を更新、つまり「上書き」してゆくという、まさに二つの作業を意識して同時に行うというワーキング・メモリの働きが使われているのです。多くの人は3－back課題でも難しく感じます。それだけワーキング・メモリへの負荷がかかるからです。

リーディング・スパン課題

これは課題文を読み上げて、それが正しい意味の文かを判断し、正しければ「まる」、まちがっていたら「ばつ」といいながら、その文の最後の名詞、あるいは動詞を覚えて、最後に「はい、どうぞ」といわれたら、その覚えた言葉をすべて順にいうという課題です。

1．おとうさんのおかあさんは、おばあさん（まる）
2．月曜日の前の日は、土曜日（ばつ。ここで先の「おばあさん」は覚えておきながら新たに「土曜日」を覚えておきます）
3．クジラは空を飛びます（ばつ。「おばあさん」「土曜日」を覚えておきながら新たに「飛びます」を覚えます）

はい、どうぞ（ここで「おばあさん」「土曜日」「飛びます」がいえれば正解です）

この例題は3項目課題ですが、これもいくらでも長くすることができます。この課題では文章の意味を読み取って考えるという「処理」をしながら言葉を短期記憶に「貯蔵」することが求められます。これをリーディング・スパン課題といいます。

n－back課題もリーディング・スパン課題も、ワーキング・メモリを測定するとてもよく使われるテスト課題です。やってみるとただ一時的に覚えるという短期記憶の側面だけでなく、覚えた情報をキープしながら別のことを同時に考えさせられるという、いかにも「頭を使う」感覚を持たれたでしょう。これらの課題を正確にサクサクこなせる人は、きっと頭がよさそうだという感じがしたことと思います。実際、それぞれどれだけの数が正しく覚えられていたかには個人差があり、その得点はIQや学業成績と0・4から0・6くらい相関していることが報告されています。

ワーキング・メモリをつかさどる前頭前野と頭頂葉

いま紹介したn－back課題やリーディング・スパン課題に取り組んでいるときの脳活動を最近の脳機能画像で測定すると、特定の部位の活動が活発であることがわかってきました。

それが前頭前野と頭頂葉のネットワークです。この部分が、課題の違いにかかわらず、またそれをやる人の属性の違い（性別、年齢、民族）にかかわらず、かなり一貫して活動していることがわかりました。これはやる気や楽しみといった情動系で関与する扁桃体や視床下部、島、腹内側前頭前野や、人にほめられるなどといった社会的報酬を期待するときに働く報酬系の大脳基底核の線条体、他者の心を思い描く「心の理論」が関与している内側前頭前野や腹側運動前野などと異なる部位です。このように最近の脳科学では、心の働きの違いに対応する脳活動に、個人差を超えた一貫性があることを示しています。

ワーキング・メモリの測定結果は、この前頭前野と頭頂葉のネットワークの活性度の個人差とも関係することが示されています。つまりn－back課題やリーディング・スパン課題の成績がよい人ほど、この部位の活性度が高く、さらにネットワーク内での同調の程度もより高いのです。

脳の必要な箇所をより強く働かせているから、成績もよいというのはわかりやすい結果といえるでしょう。しかし脳が活性化するほど作業もよくできるとばかりはいえないこともわかっています。反対に、できる人ほど活性度が低い場合があります。つまりできる人はそれほど脳が頑張らなくとも楽々できてしまう一方で、同じことを成し遂げるのにより頑張らねばならない人もいます。これを脳の効率性といいます。

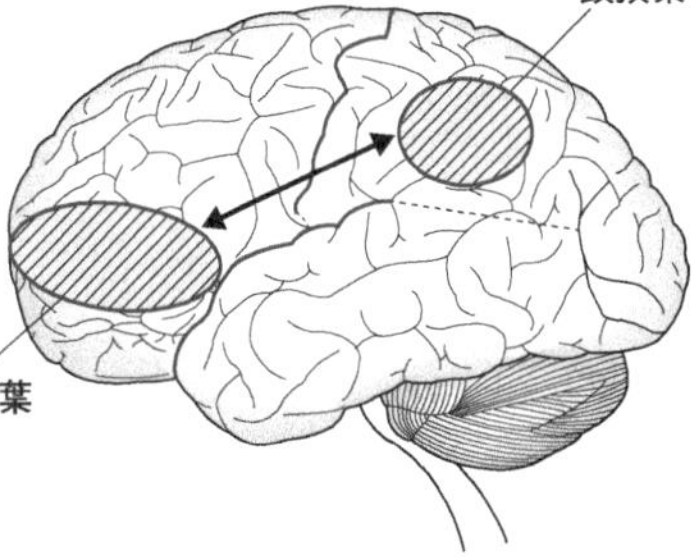

図5-2　脳の主要な部位

さらにある課題に取り組むと、逆に周りと比べて活性度が低くなる部位というのもあります。ワーキング・メモリを働かせているときには、その部位に労力を割かないようにしているようです。とはいってもワーキング・メモリの性能が高い人は、低い人と比べて、この低下の度合いがそれほど大きくありません。そして課題が難しくなるほど、全体としては活性度のレベルを上げるように調節しています。このように脳はある課題に対して限られた資源をより効率よく使えるように、調整しながら働いているといえそうです。

この結果は、ＭＲＩの機械の中でこれらの課題を行ったときの成績との間で見られるだけでなく、その人のＭＲＩの外でやったワーキング・メモリの課題の個人差とも関係があることが示されています。つまりこの脳活動は「いま、そのとき」のワーキング・メモリのパフォーマンスを反映しているだけでなく、その人がふだんからどの程度の水準でワーキング・メモリを働かせているのかも表しています。

ワーキング・メモリと流動性知能

さらにこの前頭前野と頭頂葉のネットワークは、ワーキング・メモリだけでなく、もう少し幅広い認知能力であるＩＱ得点、つまり第4章で紹介した一般知能とも相関していることがわかっています。ＩＱテストはことばの理解やものごとの記憶、規則性の推理、空間図形の操作など、さまざまな知的情報処理の能力を測るテストからなり、それらを合算した得点がＩＱです。このままですと、種類の異なる情報処理能力を「ちゃんぽん」にしてひとつの器に盛り付けたようなもので、「一般知能」の「一般」というのがなんなのか、具体的にはさっぱりわかりません。しかしそれがこれまでご説明したワーキング・メモリ課題のような、頭の中で情報を保持しながらそれに操作を加える能力と密接に関連しており、脳の前頭前野と頭頂葉のネットワークと関わっているというのですから、一気にイメージが具体的になりますね。

第4章の一般知能の話では、知能がそのような一般因子と、具体的な知識の領域や分野に対応する特殊因子の2因子からなるという理論をご紹介しました。知能についてはもう一つのポピュラーな理論があり、それは知能を「流動性知能」と「結晶性知能」という2側面にわけるという考え方です。流動性知能とは、いままでに経験したこともない新しい問題を解決しようとするとき使われる能力のことで、まだ固まっていない頭が柔軟に、液体のように流動的に働いているさまを表しているのに対し、結晶性知能は経験によって身につけた知識を用いて問題を解く能力のことで、結晶のように知識がきれいな構造を持って定着し安定したさまを表しています。流動性知能はコンテンツフリー、つまり扱う情報が具体的になんであるかを問わないということが重要な特徴です。つまりソフト次第でどんなものでも扱えるコンピュータの中央演算装置のようなもの、それに対して結晶性知能はその上で特定の目的のために動く膨大なデータベースつきのソフトといったイメージです。まさに知識の中身そのものが生み出す具体的な知能の運用の側面です。

流動性知能を測るテストとして最もよく使われているのが、レイヴン・マトリックス課題です（図5-3）。マトリックス（行列）状に並んだ図形の並び方の規則性を探し出して、右下の空欄に入るべき図形を選ぶというものです。問題ごとに使われている図の形はもとより、規則も異なり、しかも先に進むにしたがってだんだん難しくなります。このように

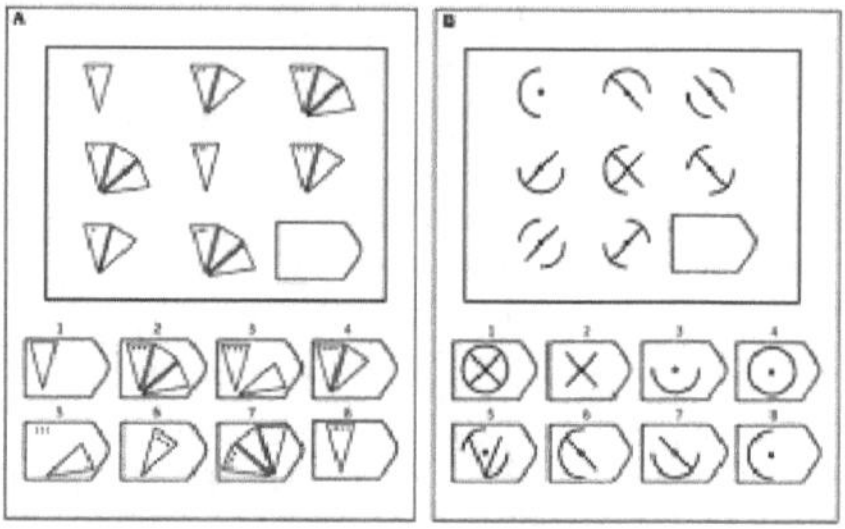

図5-3　レイヴン・マトリックス課題

次々にそれまで使ったことのない新しい規則性を発見してそこから解答を導き出すところが、流動性の流動性たるゆえんと考えられています。このテストは制限時間内で正解する速さを競うスピードテストではなく、好きなだけ時間をかけて解けるか解けないかを見るパワーテストです。可能性のある規則（仮説）を思いつき、それが正しいかどうかの確かめの作業（検証）を納得の行くまで繰り返して選択肢を一つに絞り込むことが必要ですが、できない人は仮説が思いつかなかったり、中途半端な仮説検証で早合点したり、そもそも論理的に考えず模様全体のイメージを手がかりに感覚的に選択肢を選んだりして失敗するようです。ここでは具体的な知識はほとんどまったく用いませんので、経験から得た知識（長期記憶）はほぼ無関係です。文化から学んだ知識に依存しないテストということで、カルチャー・フリー・テストと呼ばれたりもします。

いまあげたような特色を持った流動性知能を測るとされるテストは、レイヴン・マトリックス課題以外にもいろいろ開発され、脳機能との関連を見るのに使われています。こうした課題を解いているときに働く脳の部位、そしてそのテストの得点の個人差と活動レベルの個人差との相関が見られる部位、それがワーキング・メモリに関わる部位として浮かび上がった前頭前野と頭頂葉と重なるのです。とりわけ前頭前野の背外側部といわれる部分、ならびに下前頭回と呼ばれる部分の活動が大きく、しかも脳の右側よりも左側のほうがより働いている傾向が強いという結果もしばしば報告されています。また面白いことに、やさしい課題に取り組んでいるとき、流動性知能の高い人はこの部位は活動しないが、難しくなると働くというように、効率性のメリハリをつけているようです。

前頭前野の抑制機能

さらに特に前頭前野の重要な働きとして注目されているのが抑制機能です。自分自身を監視し、コントロールする働き、つい衝動にかられて勝手に動きそうな心を抑えて、自分の行動を決まりやルールに従わせ、秩序と節度を与えようとする働きで、「自己制御機能」ともいいます。なんだかお堅い道徳的イメージを持ったかもしれませんが、ちょっと違います。この機能を味わうことができるのは「あっち向いて、ほい」です。二人が向かい合って、一方が他方の目の前で上下左右のいずれかにサッと指差しをしたら、その方向とは別の方向に視線を向けるという、あのゲームです。人は顔前で視線や指差しの方向を動かされると、自然とそれに視線追従しようとすることは、第2章のナチュラル・ペダゴジーの話のときにご紹介しました。それにあえて逆らうことはけっこう心に負荷がかかるもので、それが抑制機能、あるいは自己制御機能の働きです。

その感じを心理学的にもう少しきちんと測るときには、ストループ課題というテストを用います。たとえば「きいろ」という字を赤い色で、「あか」という字を緑色で、「みどり」という字を黄色でというように、色の名前が書いてある文字がその色名とは違う色で書かれたものを何十個もならべておき、よーいドンで端から順にその文字の実際の色をいっていくという課題がそれです。一定時間に何個正確にいえるかが得点になります。赤で「きいろ」と書かれているのを見ると、どうしても書かれた文字をそのまま「きいろ」と読みたくなります。その心を抑えて、あえて「あか」と文字の色の名を口に出すのは、「あっち向いて、ほい」と似た心的負荷がかかることがわかるでしょう。これも抑制機能です。そしてそのときの負荷が、ワーキング・メモリの課題やレイヴン・マトリックス課題をやるときに感じる心の負荷と、脳神経の働きという点で同じであるようなのです。

この抑制機能は自分自身の行動をコントロールするときも重要です。ガマンしなければいけないといわれているのに、目先の誘惑がちらついてしかたがない。そのとき自制できるかどうか。あるいはやりたくないけれどしなければならないことをし続けられるか、気が散りそうなときにも必要なことに注意を集中し続けられるか、そういった心の「努力」にも関わっています。ですからこの機能を「エフォートフル・コントロール（effortful control）」（「エフォート〈effort〉」とは「努力」のことです）と呼ぶこともあります。

実行機能

ワーキング・メモリの課題で使われる情報の保持と操作、流動性知能の課題で使われる新しい規則の発見とその適用、そしてストループ課題で測られるような抑制や自己制御、あるいはエフォートフル・コントロール。こうした機能が共通して前頭前野と頭頂葉のネットワークと関連しているのです。さらにこの部分は「注意」を何かに向けようとするときに働くという報告もあります。これらを総じて「実行機能」と呼ぶことがあります。コンピュータの中央演算装置のような位置づけです。研究の最前線では、これら類似した、しかしそれぞれ微妙に異なる実行機能の種類やその難易度、性別の違いなどに応じて、同じ前頭前野や頭頂葉の中でも働く部位が少しずつ異なることを明らかにしています。また前頭前野―頭頂葉ネットワーク以外の部位（たとえば前部帯状回や視床など）も複雑に絡み合っているさまが見出されています。ですからこの話をあまり単純化して受け止めてはいけませんが、こうしたワーキング・メモリ≒流動性知能≒抑制機能≒自己制御機能≒エフォートフル・コントロール＝実行機能という、知識を使いながら行動するときの作業者としての、意識の最前線の心理的機能が、脳のこのような特定の部位で働いているのです。

種を超えた抑制・実行機能

ちなみにサルを用いた研究でも、やはりこの前頭前野と頭頂葉の部分が、特に社会的に上下関係のあるサルどうしが何か競い合いになりそうになり、下位のサルが自分の行動を抑制するときに、働くことが示されています。サルの実験では脳に電極を直接埋め込む手術をし、そのままある程度自由に動けるようにして、神経細胞の発する電位の変化を測定しています。

ｆＭＲＩなど非侵襲的な装置で行うヒトの脳活動の研究の多くは、常にその自然な環境からかけ離れた装置の中で無理やり作られた実験課題に対して生ずる脳活動であることに留意しなければならず、ひょっとしたらそこで得られた結果は、そうした人工的実験状況の制約が生み出した人工的な結果かもしれないという疑念がつきまといます。しかもワーキング・メモリ課題、レイヴン・マトリックス課題、ストループ課題自体は、実社会で経験しない人工的なテストですから、こうした結果が本当に生身の人間が普段行っていることを反映しているのか疑問だと思われるかもしれません。

しかしヒトだけでなくサルでも、しかもMRIなどの制約の大きな装置内ではなく、比較的自由にふるまうことのできる（といってもやはり程度問題ですが）電極埋め込みによるサルの実験でも、広い意味では共通して自分の行動を抑制しコントロールさせようとするときに、脳の同じ部分が働くことが見出されたということは、これが少なくとも種を超えた普遍性を持つ現象である可能性が高いと考えられます。そこまで普遍的だとすれば、それはヒトでもMRIの中であろうが自然な環境であろうが、現在であろうが過去や未来においてであろうが、そして日本であろうが西洋やアフリカであろうが、おそらくあるレベルでは共通していることが想定されます。疲弊《ひへい》した軍隊を鞭打ってインド遠征をもくろんだアレクサンダー大王が、部下から「もう引き返してください」と迫られたとき、きっと前頭前野と頭頂葉の結びつきが強く反応して、先に進みたい思いを抑制して引き返したに違いありません。

これほど普遍性が想定できるのですから、この実行機能は当然のことながら教育による学習でも大きな役割を果たしていると考えるのが自然です。教師やテキストの難しい説明を理解しようとするとき、人とディスカッションするとき、テスト問題を解こうとするとき、「これはひっかけ問題だな、その手に乗るか」と立ち止まって考えるとき、前頭前野と頭頂葉のネットワークはフル回転しています。また遊びたい気持ちを抑制して机に向かおうとするときも働きます。悪友からの誘いがワーキング・メモリの抑制しようとする努力（エフォート）を超えるほど強かったら、「ああっ、もういいや、遊びに行っちまえ」と勉強部屋を飛び出すでしょう。

発達的変化の不均衡

第2章で脳の大きさがピークに達するのは思春期の入り口である10歳から12歳ごろだと紹介しました。このころを境に、体の発達は脳から身体へと重心を移し、性的成熟期に入るわけですが、その後、経験を通じて必要なシナプス結合は強められ、反対に不要なシナプス結合は刈り込まれて、環境に適応できる機能的な結合パターンが形成されていくと考えられています。かくして前頭前野の灰白質《かいはくしつ》が成人として成熟するのはそれから10年かけた20代後半になるといいます。前頭前野の機能が基本的にこうした抑制機能にあるとすれば、その発達も20代後半までつづくと考えられます。

この前頭前野の発達と対照的なのが感情系と報酬系をつかさどる大脳辺縁系の発達で、それは思春期からホルモンの影響を受けて急激に成熟し、数年のうちに成人レベルに達します。つまり抑制をつかさどる前頭前野に対して衝動性や感情の動きをつかさどる辺縁系のほうが優勢な時期が20代後半までつづくのです。思春期の精神状態が一般に不安定で、いわゆる「疾風怒濤《しっぷうどとう》」の時代と呼ばれるような精神の高揚、強い好奇心や冒険心、衝動性や攻撃性を示しやすいのは、このような脳機能の発達の不均衡が原因だと考えられています。これは社会的に不適当とみなされることが少なくありませんが、進化的に見ると狩猟採集や農耕のような体を通じて環境に適応しなければならなかったヒトの生活様式では、頭で考えることよりも感情に背中を押してもらい実際に体を使って環境に食らいつき、そこで知識を得ることが生きるうえで必要であり、だからこそ前頭前野よりも辺縁系を早めに成熟させたのかもしれません。ところが近代以降の文化的・社会的変化が、より認知的能力に重きをおかざるを得ない状況となっているため、結果的に不均衡といわざるを得ない状況に陥っているのかもしれません。

実行機能の遺伝

これまで述べてきた実行機能の個人差に遺伝要因が関わっていることも、行動遺伝学研究から示されています。私自身の行ったワーキング・メモリの双生児研究では、言語性と視覚性のリーディング・スパンで測ったワーキング・メモリ（貯蔵と実行それぞれ）の個人差に、いずれも40～50％の遺伝要因が関わっており、しかもそれらはひとつの共通する遺伝因子から成り立っていて、それがＩＱの遺伝要因とも重なることを示しました。またコロラド大学の認知心理学者、三宅晶先生たちの行った双生児の2歳から16歳までの追跡研究では、2～3歳のときの抑制機能をいわゆるマシュマロ課題（目の前に子どもの大好きなマシュマロを置いて「これを食べないで我慢したら、あとでもう一個マシュマロをあげるよ」といって一人きりにされたとき、どれだけの時間、我慢できるかで抑制機能の個人差を測る課題）で測り、青年期のときの実行機能（抑制、ワーキング・メモリ、注意の切り替えの3領域に分けて測定）との遺伝と環境の関係を調べたところ、なんと実行機能の遺伝率がほぼ１００％、２歳のときの実行機能と16歳のときの実行機能の遺伝的な相関が０・４６もありました。

さらに抑制機能を測る「あっち向いて、ほい」に似たアンチ・サッケード課題（コンピュータ画面上に出る図形の位置と反対方向を向く課題）をＭＲＩの中でやってもらったときの脳活動を調べた双生児研究でも、やはり前頭前野―頭頂葉（そして皮質下までふくむ）ネットワークの関与が示されました。脳活動のレベルについてはこの部分に有意な遺伝要因の影響は見られませんでしたが、視床（しばしばこのネットワークもいっしょに検出されます）については40％ほどの遺伝の影響が見出されました。

これら脳の実行機能に関する一連の結果は何を意味するのでしょう。

長期記憶＝結晶性知能はどこに

そのことを考えるには、いま焦点を当てなかった記憶と知能のそれぞれもう一方の側面、つまり長期記憶と結晶性知能との関連で考える必要があります。

作動記憶とは、「いま、ここ」での意識的な情報操作のコントロールに関わるのであって、その人が持っている知識のコンテンツそのものではありませんでした。知識のコンテンツが格納されているのが長期記憶、その既有知識を使ってものごとを考える働きを結晶性知能といいます。これはワーキング・メモリが前頭前野―頭頂葉にあるように特定のところにその座があるわけではなさそうです。知識の内容や種類は、文化の多様性に応じて、ほぼ無限といっていいほどありますので、まだどれだけのことがわかっているか定かではありませんが、それらは脳のいろいろな部分に分かれて、その部位の体積を大きくさせたり、神経の結びつきを変えたりしているようです。

そのことを示す有名な研究に、ロンドンのタクシードライバーの研究があります。ロンドン市街の道路は不規則に入り組み、一方通行のところも多く、時間帯によって渋滞状況も異なるので、目的地にたどり着くためにどのルートを取ればいいか判断が難しいことで知られています。そんなロンドンでプロのタクシードライバーになるには、長い時間をかけて訓練し、難しい試験にパスしなければなりません。そうして活躍する彼らの脳の各部位の大きさを測ったところ、海馬の後部の灰白質がふつうの人よりも大きかったというのです。

海馬は一般に記憶の定着に関わる部位として知られているところです。

面白いのは、同じくロンドンで働くバスドライバーにそのような違いがなかったということです。彼らも同じようにロンドンの入り組んだ道を運転していますので、行動的にはタクシードライバーと大差はありません。しかしバスのルートは決まっていますので、タクシードライバーのように臨機応変な判断を必要としません。ただの地図の知識だけならバスドライバーもタクシードライバーも同じ知識を長期記憶の中に持っていることでしょう。しかしそれをどう使うかという知的判断の側面で差があった。それが結晶性知能なのだと思われます。

では結晶性知能のありかはすべて海馬後部かというと、そう簡単ではなさそうです。たとえば数を数えるといったような数的能力は頭頂葉が関わっていることが知られています。しかも数の理解は複雑で、たとえば「3と5の間の数は何か」に答えられない頭頂葉に損傷のある患者も「6月と8月の間の月は何か」には答えられる、11から9を引くといくつになるかがわからない頭頂葉損傷患者も「午前9時と午前11時の間は」と聞かれれば2時間と答えられるといった具合です。また数値演算、つまり計算の仕方の学習で「ににんがし（2×2＝4）」のように答えを暗記するドリル型の学習をすると内側頭頂部位から左脳の角回にかけての活動が高まり、また解き方の方略を理解しながら学習するストラテジー型学習では頭頂葉後方に位置する楔前部《けつぜんぶ》が働くことが示されています。これはタクシードライバーのように脳の部位の形が変化したのではなく、脳活動の働き方の変化として、知識が表れたものです。

他にも言語学習では、言語中枢がその学習に関与し、たとえば英語の文法を教えると「文法中枢」ともいうべき左のブローカ野の活動が高まること、あるいはピアノやヴァイオリンの訓練をすると運動野の体積が変わることなどが報告されています。そして誤解してはならないのは、長期記憶が特定の部位に特化しているわけではなさそうだということ、また単に神経細胞の構造、つまり形や大きさが変化するだけではなく、機能、つまり働き方の変化として実装される可能性があるということです。

脳ではさまざまなプレーヤーが総合的に働く

ここまで述べてきたように作動記憶と長期記憶、あるいは流動性知能と結晶性知能は、脳の中の異なる部位で異なった形で働いているようです。このことから教育に何が言えるのでしょうか。

私たちはともすればテストでいい点を取るために、多くの知識を覚えておこうとします。確かに覚えられた知識がなければ何も始まりません。これがたくさんあると、豊かな生活が過ごせそうな気がします。これは私たちが生活の中で消費する「もの」――住居、衣服、食品、家具、生活必需品、嗜好品、サービスまで――と似ています。だからいろいろなものを買い込み、押し入れや冷蔵庫に溜め込みます。たくさんあればあるほど安心します。それを手に入れるための万能な道具が「お金」というジェネラルな交換財です。ですからお金をできるだけたくさん稼ぎ、できるだけたくさん溜め込もうとします。

それと同じことが知識についても言えます。お金に当たるのがＩＱや学力です。お金をたくさん持っているほど多くの物品やサービス、機会が手に入ると考えるのと同じように、より高い知能、より多くの知識を持つほど、何に対しても高い能力を発揮でき、高い学歴を手に入れることができ、よりよいチャンスを得て、幸福になれると考えます。そしていつしかその万能交換財を手に入れること自体が目的になってきます。

確かに収入や貯金も少ないよりは多いほうがいいでしょう。ＩＱや知識も持たないより持ったほうがいいでしょう。しかし本当に、「より多く、より高く」持つことがよい生活を保証してくれるのでしょうか。

どんなものも、生きるために使います。必要があるから蓄え、必要があるから使います。しかし往々にして、必要のないもの、使い方のわからないものを買って溜め込んでしまうことがあります。お金をたくさん持ちすぎているがゆえに、かえって無駄遣いをしたり、使わずに死蔵させてしまったりすることもあります。重要なのは、生きる過程で必要なときに必要なものを適切に使うことであるということは、たぶんどなたも認めることでしょう。お金がないと困ることは確かですし、お金をたくさん持っている人を前にすると、自分がそれより少ないだけで惨《みじ》めな思いをしがちなのも事実です。しかし、本来は目的のための手段だったお金が、いつしか目的にすりかわる。それが不幸の元になる。よくあることです。

それと同じことが、知能と知識についても言えるのではないでしょうか。学習と知識の蓄積を目的と考え、それをできるだけたくさん記憶しておく。少しでも早めに知識という貯金を長期記憶銀行に預金しておく。そうすれば入学試験のときまでに少しでも多く元本と金利がたまり、いい学校に合格しやすくなる。そんなイメージで早期教育や予備校通いに奔走してはいませんか。確かにいまの入学試験は記憶銀行の預金高ならぬ「預知高」を競う部分があります。

みなさん、自分が学んだ知識を振り返ってください。ほんとうにそのように知識は働いているでしょうか。そうだという人もいるでしょう。あのとき一生懸命勉強して身につけた知識が、いま、こうして役立っている、と。ここで人間の脳という情報処理装置は、その知識がどんな内容であれ、またどんな量であれ、そのコンテンツからは自由に、とにかく「いま、ここ」の課題にその脳を適切に回転させて対処しようとする装置、つまり脳の管理人の機能である実行機能を備えた装置として進化的に身につけたことを思い出してください。「いま、こうして役立」てているのは、長期記憶ではなく作動（ワーキング）記憶（メモリ）、あるいはそれが行っている実行機能なのです。作動記憶が、脳の中にいろんな形で蓄えられ働こうとしている長期記憶から、必要な知識を管理人として呼び出し、処理して使っていることで、役立っています。そしてこれはゾウリムシやミミズのように脳がない動物はもちろん、前頭葉がほとんど発達していないカエルやニワトリでも、おそらくはやっていないことなのです。

もちろん長期記憶のコンテンツが結晶性知能として働いてくれなければ、それを作動記憶の中で「いま、ここ」のニーズに応じて使うことはできません。その意味での知識をあらかじめ学習して長期記憶化しておくことは必要です。しかしそのとき問題なのは、やたらめったら「たくさん」の知識を蓄えていることではなく、そのときのニーズに応じて、自分らしく結晶性知能として蓄えたであろう知識を、いかに適切に処理して自分にふさわしい解を導くかということなのです。こう考えると、**その人がその人の人生で本当に使うことのできる知識を、長期記憶の中の生きた結晶性知能としてどれだけ持っているかが重要になってくる**のだと考えられます。

「遺伝的制約があるから飛べない」のではない

「その人の人生で本当に使うことのできる知識だって？　それが何かがわからないから、とにかく学校で教わる知識をひとまず学ぶんじゃないか。そもそも『その人の人生』を作るために勉強をし、学歴を得て、できるだけいい条件で社会に売り出すんじゃないか。本末転倒したことを言うな！」そんな声が聞こえます。

確かにこの話があたりまえに通用していたのは、その人の人生が、身分や家柄で生まれつき決まっていた近世までの社会でした。学校以前に身分に縛られた「その人の人生」があった時代です。その身分制という社会の制約を打ち壊し、職業選択の自由を獲得したのが近代です。かくして、アプリオリに（経験に先立って）「その人の人生」が決まっているのではなく、何も描かれていない白紙のカンバスに自由に人生の絵が描けるようになった。これが近代の神話です。

なぜそれを「神話」というのか。社会の制約を完全に自由にしたあとには、社会に規定されない「遺伝」が浮かび上がって来るからです。身分や家柄に関わりなく誰もが大学に行かれるようになったとき、遺伝的な差が顕在化します。これを「遺伝の制約」と呼ぶのは間違っています。なぜなら、遺伝は生命そのものだからです。ニワトリは、タカの姿になって大空に飛び立ちたいのに、ニワトリにしかなれない遺伝的制約があるから飛べないのだ、というでしょうか。これは明らかに遺伝の認識が誤っています。**遺伝は、その生物をその生物そのものにならしめる大もとだからです。同じように、あなた自身を、私自身を生み出している大もとが、あなたの、そして私の遺伝子たちなのです。**

ここで作動記憶に、時間的にも容量的にも厳しい限界があることを思い出しましょう。さらにそこには個人差があり、他のあらかたの行動の個人差と同じく、約50％の遺伝的影響があることも思い起こしてください。また長期記憶のコンテンツにも遺伝的影響があるはずです。なぜなら、その一つのあらわれであるさまざまな教科の学業成績に、やはり相応の遺伝的影響があるからです。行動遺伝学の第一原則「あらゆる行動は遺伝的である」から導き出される推論は、人間が社会的文脈にさらされ、社会的な意味で「その人の人生」の物語が語られる前から、遺伝的に何らかのその人らしさ——遺伝的スタイル——が存在しているということです。

「その人の人生」の出発点

脳は学習の臓器であると本章の冒頭に述べました。しかし、学習のなすがままになっている臓器ではないことが、最近の脳研究からわかってきています。脳が外から何の刺激も与えられていないときでも、自発的に動いていること、しかもその動きがそれ自体何らかの意味を持っているらしいことが明らかになってきたのです。このように特に脳が何もしていないで休んでいるときの脳神経のネットワークを安静時機能的結合（resting state functional connection）といいます。MRIの中で、何も考えずにボーッとしてもらっているとき（これが案外難しいのですが、とにかく寝ないで、しかも何か一つのことを考え続けないようにしていただきます）の脳活動を記録したときに見つかるさまざまなネットワークです。その中にはIQと相関するようなネットワークもあります。

とりわけ興味深いのはデフォルト・モード・ネットワーク（Default Mode Network; DMN）です。内側前頭前野と後部帯状回を中心とした部位に位置し、自己参照機能や自己内省を担っていると考えられています。要するに脳自身が環境からの入力へ反応する以前に、自分自身でその人らしいアイドリング（停止している自動車でもエンジンのスイッチを切らずに回転させている状態）をしているのです。それが個体学習や遺伝的個性と関係があるのかどうかはまだわかっていません。しかしひとつの可能性として考えられるのは、環境からの入力を経験しなければ築かれないと思われがちな「その人の人生」の出発点は、実はあなたの脳それ自体の持つ自律的な働き方にあるのではないか。そしてそこに、どんな生物も持つ「個体学習」のスタイルが宿り、その人自身の遺伝的な姿が反映されているのではないかということです。だからこそ脳が作り出すさまざまな行動のすべてに、遺伝的な影響がいやおうなく入り込んでいるのではないかと考えられます。

教育学習に関わる脳活動

人間は一人ひとりのっぴきならない遺伝的制約、いえ制約ではなく「スタイル」を持って生きています。ニワトリがタカになれないように、あなたは羽生結弦クンにも藤井聡太クンにも「○○××（ここにあなたのあこがれの人の名前を自由に入れてください）」にもなれません。私もダーウィンやコンラート・ローレンツにはなれない。それなら何になるのか。

せめて東大生になろう（これにはなれませんでした）、慶大生になろう（これにはいちおうなれました）、○○×大生に、△△■会社の社員になろう……。こう思って私たちは生きています。しかしつまるところ、あなたは「あなた」にしかなれず、私は「安藤寿康」にしかなれません。

生まれ落ちた境遇の制約に加え、遺伝的スタイルを持ったあなたや私が、それでもその遺伝的「スタイル」を「素質」という可能性に変え、その可能性を実現しようともがく過程で社会の中に居場所をみつけて、誰かとつながりながら、自分の素質を才能へと実体化させていくときに必要なのが学習であり知識であると論じてきました。その学習はそれ自体その人の遺伝的スタイルを表した個体学習が常に基底にあります。それはあらゆる動物が普遍的に持つ学習様式です。しかしヒトは社会的動物として、社会の中で出会う人々の生き様からも観察や模倣や共同して何かする中で社会学習をし、そしてヒトに特有な教育学習をつけくわえて、あなた自身になっていくのです。

その教育学習を可能にしているのも脳活動です。脳は物理的には頭蓋骨の中に閉じ込められ外との接点がありません。しかしそれにもかかわらず、ヒトの脳はそれ自体が他者と関連し他者から学ぶ、またそれと鏡像をなすように他者に教えようとする性質を持っているのです。その行動面は第一部で共同注意やオーバー・イミテーション、ナチュラル・ペダゴジーなどといった現象で表れていることを紹介しましたが、さらにそのことを示唆する脳研究も近年数多く成果を出してきています。

ミラーニューロンと社会脳

その先駆けとなったのがリゾラッティらの発見した「ミラーニューロン」です。この発見は、もともとはマカクサルの手の動きについて、運動前野に見出されたものです。他の個体が手でものを持とうとしているのを見ているとき、その個体がしているのと同じ脳部位が、あたかも自分がそれをしているのと同じように活動するという現象のことで、他者の動きが自分の脳神経活動に鏡のように映し出されることから、このような名前が付けられました。

すぐにこれがヒトの高度な社会性、言語獲得、ひいては自閉症スペクトラム障害の発生機序まで説明する世紀の大発見と注目されました。しかし現象はそんなに単純ではなく、いまのところヒトや霊長類の社会性を統一的に説明するような理論がそこから作られてはいません。しかしながら、共感や模倣、自己と他者といったヒトの社会性の重要な側面に関する活発な脳研究がなされるきっかけとなり、現在「社会脳」という大きな研究分野になっています。これらはこれまで登場してきた模倣学習、そして教育学習を成り立たせている仕組みであると考えられます。

特に教育による学習を成り立たせるのに鍵となる脳活動として注目すべきひとつは、「メンタライジング」の機能です。これは他者の心のあり方を自分の心に思い浮かべるという心の働きをさします。たとえばこんな物語を読んでみてください。

ある夜、一人のドロボウが盗みを働いて逃走している最中に、道に手袋を落としてしまった。ちょうどそれを見ていた見回り中の警官が、彼に向かって叫んだ。「おい君、止まりなさい！」この声にドロボウは振り向き、警官の姿を認めた。すると彼は、両手を差し出して、自分がたったいま盗みに入ったことを白状した。

ここで質問します。「なぜドロボウはこのような行動をとったのでしょう」それを考えているときの脳活動をfMRIで記録します。この話では、警官は彼のことをドロボウと思ったわけではなく、ただ手袋を落としたことを教えてあげようと思って声をかけたわけですが、ドロボウは自分の盗みがばれたと思ったので白状したわけですね。つまり警官とドロボウの心のあり方を両方思い浮かべなければなりません。そのとき、主として強く活動するのは前頭前野内側部（mPFC）、頭頂側頭結合部（TPJ）、上側頭溝（STS）、下頭頂小葉（IPL）そして後頭葉内側部です。教育の場面では、他者に当たる教師が何をどのように考えているのかを追いかける必要があることがほとんどです。そのときに使われるのがこのメンタライジングに関わる部位であると考えられます。心の理論に関わるのもこの部分でしょう。

教育に関わる脳機能教育学習が成り立つときには、単に他者の行動の意図を推察できるだけではなく、他者の意図と自分の意図を区別しながら、自分自身の学習行動に結びつけてワーキング・メモリで行う情報処理を調整する必要があるでしょう。そのとき「自己と他者の区別」も重要な脳機能です。これは学習者側にも教師側にも求められる機能でしょう。これは前頭葉内側部がつかさどっていることが示されています。また学習者も教師も、学ぼうとする知識が学ぶにふさわしい価値を持っているかを判断していると思われますが、その中には「道徳判断」、つまりよりよい知識か、正しい知識かの判断も関わっていると考えられます。これは前頭葉内側部と前頭極が関わっているとされています。そして第1章で述べたように教育行動は知識分配という互恵的利他行動であると考えられますので、「利他行動」に関わる脳活動も関与しているはずです。それは前頭葉底部の関与が指摘されています。

いまあげた教育に関わりそうな脳活動に関する研究は、それぞれ独立の研究関心としてなされており、しかもその実験課題は教育行動を想定して作られたものではない比較的シンプルなものばかりです。たとえば自己と他者の区別は鏡に映る自分が自分とわかるかといった実験でなされます。道徳判断は有名な「トロッコのジレンマ」や「陸橋のジレンマ」の課題でなされます。利他行動は持っているお金のうちどれぐらいを他者にあげるかといった経済ゲームなどが用いられています。どれも教育学習を行っている条件での研究ではありませんので、積極的に教育による学習を成り立たせている脳活動そのものについてはまだ十分にわかっていないというのが現状です。

「教育脳」という視点

本章でご紹介してきた学習と教育に関わると考えられる脳のさまざまな働き、ワーキング・メモリと実行機能、長期記憶、そしてさまざまな社会脳の働きは、いずれもそれぞれの研究領域で開発された工夫を凝《こ》らした実験課題によって、ここではとても紹介しきれないくらいの精密な研究が進められています。しかしそれらは「教育学習」という進化的に獲得されたであろうヒト特有の学習様式の脳活動の解明のために設計された研究ではありません。おそらくそれらすべてが何らかの形で教育による学習に関わっていることは間違いないでしょう。これらを足し合わせれば、それが教育の脳活動になるのか、つまり教育学習とはヒトが獲得したこれら多様な脳活動の臨機応変な寄せ集めなのか、それとも教育による学習が成立しているときに生ずる、何か特定の活動部位、あるいは独特な脳活動のネットワークがあるのか、いまはまったくわかっていません。

いえ、わかっていないという以前に、そのような問いすらこれまで発せられてこなかったのです。脳科学の発展に伴って、どうすれば脳が活性化して成績がよくなるか、脳をどう使えば記憶力や計算力や判断力を改善できるか、脳の使い方がまずいとどんな悪影響が出るかといった、学習や教育の成果へのご利益についての脳科学をよく見かけるようになりました。ゲーム脳とか脳トレなどがそれです。しかしそもそも教育という独特な学習様式に関わる脳活動がどんな性質を持ったものなのかを明らかにしようという問い、すなわち「教育脳」の研究はこれまでなされてきませんでした。

学習成果に関する脳研究が重要であることは言うまでもありません。しかし「教育による学習」の成果について問題にしようとしたとたん、与えられた課題に対する得点を高めるための脳活動がテーマになってしまいます。しかし行動遺伝学的に見たとき、ワーキング・メモリにも、また長期記憶や結晶性知能を反映している学業成績にも遺伝的制約、いえ遺伝的個性があることがわかっており、ただ単に成績をよくするための脳活動だけに焦点をあてても、自ずと限界があると思われます。それでもなお、ヒトは教育によって生きるための知識を学習している存在であることを考えると、その教育による学習がいったいどのように一人ひとり遺伝的に個性的なスタイルを持って働く脳の中でなされているのかを明らかにする必要があります。

学校で一時的に頑張って勉強してもそのあとすぐに忘れてしまい、一生使える知識として定着するわけではない学習成果がある一方で、学校で学んだことが手がかりとなってその後も興味関心がひろがり、新たな教育機会を求め続けながら高い成果に結びつくこともある。テストの成績に結びつくかつかないかにかかわらず、それまで自分では気づかなかった本当に面白いと思えることがらに出会うこともあれば、どれだけ上手に丁寧に教えてもらってもどうしても心に響かないことがらもある。こうした違いがなぜあなたの脳の中で生まれるのか。さらにそうした学校での教育学習とあわせて、学校以外の生活時間・生活空間で、メディアや先生以外の人々などからさまざまな形で教わることが、観察学習や個体学習と合わさって、あなた自身の学びとして、あなたの脳の中でどのような活動をもたらしているのか。このことを問う「教育脳」の研究がいま求められているのです。

おわりに　どう教育を利用し、どう教育に巻き込まれないで、この世界を生き抜くか

生きるというのは大変なことです。そもそもこの世に生まれ出てきたことだけでも、すでに奇跡的なことですし、その生のプロセスで直面する数々の試練を乗り越えなければ、私たちはその生を全うすることすらできません。かろうじて生き抜くことができたとしても、ほんとうだったらできたかもしれないもう少しましな生き方に出会うことなく、不本意な生き方を強いられて生涯を終えていった生き物――私たち人間も含まれます――がこれまでにも無数にいました。そんな生命の営みの上に、私たちはいま生きています。しかしそんな厳しい生命の営みがいつも苦に満ちているかというと決してそんなことはなく、生きているからこそ味わえる至福の瞬間ともしばしば遭遇するようにできているようです。おなかがすききったときにありつける食べ物、心と体を満たし支えてくれる異性（同性の場合もあります）、そして自分の生きる世界についての本当の知識です。

この世界とその中での生き方についての本当の知識へと導いてくれるのが学習です。特にヒトの場合は、生きる世界自体が長い歴史を通じてヒト自身が作り積み上げてきた知識の産物、つまり文化によって出来上がっているため、その文化を生み出した知識の世界に

関わり、その知識を学んで使えるようになり、場合によっては新たな知識を作らなければなりません。そのための学習をするのは、基本的にその人自身です。どんな生物もそうですが、自分の生き方は自分で学ばなければなりません。ただヒトという生物は、他の生物以上に、その発生の当初から一人だけではそれができないように生まれついてしまいました。社会の中で他者と共有できる知識を生み出し、それを互いに学びあいながら生き、生かされてきました。そのために備わったのが教育という学習方略でした。知識そのものを他者に直接学習させるための独特の行動です。ヒトはやがてこの自然に備わった教育という学習方略自体を、知識の種類に応じて学習しやすくなるように工夫して、さらに高次の「教育についての知識」を発明しました。いまの「学校」や、そこで働いている「教師」は、そうして生まれたものです。

もともと物資を交換する際に用いられた効率的な分配のための道具だった「お金」（はじめは貝殻やホンモノの金だったわけですが）が、やがてそれ自体の複雑な使い方についての知識を発明し、資本主義制度のような独特のシステムを作り上げたのと同じように、もともと知識の分配のための道具だった教育もまた、学校制度という独特のシステムを作り上げました。私たちは資本主義システムの中でお金をうまく使って生きなければならないのと同じように、学校主義システムの中で教育という道具をうまく使って、必要な知識を学んで生きていかなければなりません。

私たちは一人ひとり異なった遺伝的スタイルを持って、ほかの人が想像もつかないような独自性を発揮しています。といっても99・9％同じDNAの塩基配列の中での、わずか0・1％の違い、1000個の塩基につきたった一つが生み出した遺伝的差異に過ぎません。圧倒的共通性がありますから、私たちは互いに同じように感じ、考え、互いに理解しあい、教育もできます。しかし一方で0・1％違うから、ほかの人と同じようには感じたり考えたりできず、理解しにくいのです。この膨大な遺伝的共通性の「地」の中に浮かぶわずか0・1％、1000文字に1文字の違いから来る遺伝的独自性という「図」は、あたかも「私はハカタ（博多）に生まれ…（2000文字近くの文）…タバコ（煙草）を作っていた」と「私はサカタ（酒田）に生まれ…（この部分すべて前文と同じ）…キバコ（木箱）を作っていた」とで、途中の2000文字の出来事がすべて同じだったとしても、この二人の人生が異なっているというのに似た状況といえるでしょう。差が小さいといえば、こんなに小さい、しかし大きいといえば、決定的に違うといっていいほど違います。

博多で作られたタバコを酒田の人が吸い、酒田で作られた木箱に博多で作られたタバコをしまっておくのが私たちの社会です。このように同じ社会で互いに協力しあいながら生きる人間として同じ知識を共有する必要があります。と同時に、この二人がそれぞれの人生を生きるのに必要な知識は大きく異なることも事実です。

　教育が学校システムの中でのみなされている、あるいはなされるべきであると信じている人はほとんどいないでしょう。しかしほとんどの人は、教育による学習を学校にゆだねていることも事実だと思われます。学校の先生もそれをわきまえ、人間として必要な共通の知識と同時に、遺伝的にみな異なる学習者とその保護者のニーズに応えようと、苦労してさまざまな工夫を凝らそうとしています。

　人類が生み出したすべての知識を、一人ひとりに合わせて、一定の期間内に同じように学習させる。そんなことはちょっと考えればわかるように、絶対に不可能です。教師にとっても学習者にとっても人間としてできる能力をこえています。なぜならどんな知識も、それを生み出した人は、何らかの意味で独特な遺伝的スタイルや素質を持った人であり、したがってその知識を本当に理解し使えるのも、何らかの独特な遺伝的スタイルを持った人だからです。それが0・1％の差異、博多生まれのタバコ職人と酒田生まれの木箱職人の違いです。

　しかし同時に99・9％遺伝的には同じですから、学ぶ機会さえ与えられれば、その人なりに理解し、使うこともまた事実でしょう。それを作った人と同じようにはいかなくて当然です。誤解も誤用もあるでしょう。それでも何かの利益はあるはずです。博多のタバコ職人は目の前の木箱にこめられた職人の技と心意気に思いを致し、酒田の木箱職人はふだんの一服のタバコをより深く味わうことができるでしょう。

しかし学校の教師やそこで学ぶ学習者の中には、どこに生まれ落ちたとしても、同じように優秀なタバコ職人にして木箱職人になれるような知識と技術を学ばねばならない、学ばせねばならない、なぜなら学べるのだからと信じている人もいるようです。まじめな人ほどそうかもしれません。それができる人も稀にはいるでしょう。あなたはそういう人かもしれません。それは実際にやってみればある程度わかることです。多くの人はやってみると、どの領域にどの程度の才能があるかわかってきます。また、どこにも才能などと呼べるものはないことに気づく人も少なくないでしょう。それでもなお、成人に達して、職業人として、あるいは親として他者のために生きねばならなくなると、いやおうなく、そこで必要とされる知識を学び、その人なりにそれを使って、他者に影響を与えざるを得なくなります。そのとき自分に才能のあることにも、ないことにも直面させられます。

文化を支えている知識はタバコと木箱だけではありません。その総量は膨大です。18世紀に百科全書が作られたときは、それでもその社会を作り上げている文化的知識の総体をイメージすることができました。それだけでも画期的なことでしたが、いまはそれがクラウドに収められ、さらにＡＩによって時々刻々と増大しています。そんな知識の総体にどう立ち向かえばいいのでしょう。

ここでみなさんは「知識の総体にひとりで立ち向かう」という発想自体がおかしなことだということにお気づきになられたと思います。そして自分にできること、しなければならないことは、教育をうまく利用して、自分にしかない遺伝的スタイルを自分で探しながら、自分で学んでいくしかないことにもお気づきになられたのではないでしょうか。

学校にいくと、たくさんの先生方が、たくさんの教科の知識を、それぞれ大事だといって、みなさんに一所懸命に学ばせようとしてくれます。なにしろ国家挙げての事業ですから、それは大真面目です。みなさんもその真剣さに感じ入って、教えてくれるすべてを学ばねばならないと、それに取り組みます。最近ではいよいよ「自ら考える能力」まで世界レベルで学校で教えてくれるようになってきました。脳活動自体が一人ひとり異なる遺伝的スタイルに従って自ら考えていますので、いまさらいっせいに「自ら考える能力」を教えられると考えることなどナンセンスだと思います。きっとこのスローガンが掲げていることと実際になされていることは乖離《かいり》しているでしょうが、いまやOECDまでそれに取り組んでいるので、みなさんも「自分で考えさせられる」機会がふえつつあると思います。

その結果、何をどのくらい学べるかは、遺伝的スタイルを反映した脳活動の個人差によって多様性を示します。ごくわずかですが、楽々すべてを学べる人もいます。多くの人は頑張ればそこそこ学べます。しかし学べないものも出てきますし、そもそも学校やどこか特定の状況で学ばされること自体が無理という人もいます。アクティヴ・ラーニングによって、本当に自分で考える人もいるでしょうし、考えたフリをさせられている人もいるでしょう。それは受け身と言われる一斉授業のもとでも同じことです（遺伝と環境の交互作用がありますので、学習方法が多様化すること自体は悪いことではありません）。学習も教育も自然現象ですから、体格や顔つきが違うのと同じくらい、そのような差が生まれるのがあたりまえです。それはいまに始まったことではなく、昔からそうだったはずです。それが学習という現象の原点なのです。

その原点に立ち戻り、あなたの人生にとって意味のある学習を求め続けるしかないのではないでしょうか。**あなたにとっての人生の意味、それ自体も自分自身で個体学習しなければ学べない知識です。教育はその学習のための手段です。知識と学習を、あなたの手から離さないように。それがあなたの人生を作っているのですから。**

あとがき

この本の執筆を始めたときは、私は自分の頭の中で『教育の生物学』あるいは『進化教育学序説』というタイトルを想定していました。かつてピアジェが認識論を、チョムスキーが言語学を、それぞれ生物学にしようとしたのと同じように、教育学も生物学になると考えたからでした。その無謀とも思われる構想には、単に学問的な意義だけでなく、自分も苦労したいまの日本の学校教育の中での生き延び方にも、何がしか力になるのではないかという期待がありました。

そう考えながら書いた草稿を講談社現代新書の編集長青木肇氏と編集担当の小林雅宏氏にお見せしたところ、これは教育に限らず「なぜヒトは学ぶのか？」というもっと広いテーマであるととらえていただき、このタイトルをご提案いただきました。実はこのタイトルに決まる前、「なぜ」にするか「どうして」にするかの議論がありました。家内からは「〝どうしてヒトは学ぶのか？〟」だと『なぜ（why）』と『どのようにして（how）』の二つの意味に読み取れる」といわれ、本書の趣旨にも合う掛詞《かけことば》の要素を入れるのは悪くないと思いました。かつて『遺伝マインド――遺伝子が織り成す行動と文化』（有斐閣）を出版したときも「遺伝的なマインドで人間と社会を見る」という意味と「マインド（心）が遺伝の影響を受ける」の掛詞になっていたからです。しかし今回はシンプルにすることにしました。またゲラを読んでくれたゼミの学生たちはどっちも気に入らず、『教育の生物学』に票が集まりましたが、こちらは副題に反映されました。いずれにせよ、これまでの「遺伝の真実」系のタイトルからいよいよ一歩先に抜け出すことができました。出版にあたってご尽力くださったこれらの方々に、まずお礼を申し上げます。

またお名前をあげる紙面のゆとりがありませんが、研究の上でお世話になった慶應義塾ふたご行動発達研究センターの調査にご協力いただいている双生児とそのご家族のみなさん、センターの研究仲間、調査アシスタントや秘書のみなさん、学会や大学で学術的刺激を与えてくださってきた多くの研究者の方々にも深く感謝いたします。さらにこの本のアイデアは、そうした学術的なおつきあいだけでなく、本書の趣旨どおり、日ごろの生活で直接間接にお世話になっているさまざまな方々からいただいたヒントをもとに生まれたものです。そのことにも謝意を表させていただきます。

新書という性格上、引用文献の詳細を載せるのは差し控えましたが、出典を確認されたい方は http://www.kts.keio.ac.jp/ をご覧ください。

また日本語で読める参考文献を掲げさせていただきます。

第一部に関連するもの

小田亮『利他学』（2011）、新潮選書
亀井伸孝『森の小さな〈ハンター〉たち――狩猟採集民の子どもの民族誌』（2010）、京都大学学術出版会
マイケル・トマセロ（橋彌和秀訳）『ヒトはなぜ協力するのか』（2013）、勁草書房
フランス・ドゥ・ヴァール（柴田裕之訳）『共感の時代へ――動物行動学が教えてくれること』（2010）、紀伊國屋書店
松沢哲郎『想像するちから――チンパンジーが教えてくれた人間の心』（2011）、岩波書店
明和政子『まねが育むヒトの心』（2011）、岩波書店
マット・リドレー（大田直子・鍛原多惠子・柴田裕之訳）『繁栄――明日を切り拓くための人類10万年史（上・下）』（2010）、早川書房

第二部に関連するもの

キャスリン・アズベリー、ロバート・プローミン（土屋廣幸訳）『遺伝子を生かす教育――行

動遺伝学がもたらす教育の革新』（2016）、新曜社
安藤寿康『「心は遺伝する」とどうして言えるのか――ふたご研究のロジックとその先へ』（2017）、創元社
安藤寿康『日本人の9割が知らない遺伝の真実』（2016）、SB新書
安藤寿康『遺伝と環境の心理学――人間行動遺伝学入門』（2014）、培風館
安藤寿康『遺伝子の不都合な真実――すべての能力は遺伝である』（2012）、ちくま新書

第三部に関連するもの

リザ・エリオット（小西行郎監修、福岡洋一訳）『赤ちゃんの脳と心で何が起こっているの？』（2017）、楽工社
ジョン・ダンカン（田淵健太訳）『知性誕生――石器から宇宙船までを生み出した驚異のシステムの起源』（2011）、早川書房
千住淳『社会脳の発達』（2012）、東京大学出版会

2018年9月

安藤寿康

講談社現代新書　2492
なぜヒトは学《まな》ぶのか　教育《きょういく》を生物学的《せいぶつがくてき》に考《かんが》える

二〇一八年九月二〇日第一刷発行　二〇二五年五月七日第四刷発行
著　者　安藤寿康《あんどうじゅこう》　
発行者　篠木和久
発行所　株式会社講談社
東京都文京区音羽二丁目一二―二一　郵便番号一一二―八〇〇一
電　話　〇三―五三九五―三五二一　編集（現代新書）
〇三―五三九五―五八一七　販売
〇三―五三九五―三六一五　業務
装幀者　中島英樹
印刷所　株式会社ＫＰＳプロダクツ
製本所　株式会社ＫＰＳプロダクツ
定価はカバーに表示してあります　Printed in Japan

N.D.C. 371　278p　18cm
ISBN978-4-06-513125-1

「講談社現代新書」の刊行にあたって

教養は万人が身をもって養い創造すべきものであって、一部の専門家の占有物として、ただ一方的に人々の手もとに配布され伝達されうるものではありません。

しかし、不幸にしてわが国の現状では、教養の重要な養いとなるべき書物は、ほとんど講壇からの天下りや単なる解説に終始し、知識技術を真剣に希求する青少年・学生・一般民衆の根本的な疑問や興味は、けっして十分に答えられ、解きほぐされ、手引きされることがありません。万人の内奥から発した真正の教養への芽ばえが、こうして放置され、むなしく滅びさる運命にゆだねられているのです。

このことは、中・高校だけで教育をおわる人々の成長をはばんでいるだけでなく、大学に進んだり、インテリと目されたりする人々の精神力の健康さえもむしばみ、わが国の文化の実質をまことに脆弱なものにしています。単なる博識以上の根強い思索力・判断力、および確かな技術にささえられた教養を必要とする日本の将来にとって、これは真剣に憂慮されなければならない事態であるといわなければなりません。

わたしたちの「講談社現代新書」は、この事態の克服を意図して計画されたものです。これによってわたしたちは、講壇からの天下りでもなく、単なる解説書でもない、もっぱら万人の魂に生ずる初発的かつ根本的な問題をとらえ、掘り起こし、手引きし、しかも最新の知識への展望を万人に確立させる書物を、新しく世の中に送り出したいと念願しています。

わたしたちは、創業以来民衆を対象とする啓蒙の仕事に専心してきた講談社にとって、これこそもっともふさわしい課題であり、伝統ある出版社としての義務でもあると考えているのです。

一九六四年四月　野間省一

心理・精神医学

331 異常の構造――木村敏
590 家族関係を考える――河合隼雄
725 リーダーシップの心理学――国分康孝
824 森田療法――岩井寛
1011 自己変革の心理学――伊藤順康
1020 アイデンティティの心理学 鑪幹八郎
1044 〈自己発見〉の心理学 国分康孝
1241 心のメッセージを聴く 池見陽
1289 軽症うつ病――笠原嘉
1348 自殺の心理学――高橋祥友
1372 〈むなしさ〉の心理学 諸富祥彦
1376 子どものトラウマ――西澤哲

1465 トランスパーソナル心理学入門――諸富祥彦
1787 人生に意味はあるか 諸富祥彦
1827 他人を見下す若者たち 速水敏彦
1922 発達障害の子どもたち――杉山登志郎
1962 親子という病――香山リカ
1984 いじめの構造――内藤朝雄
2008 関係する女 所有する男――斎藤環
2030 がんを生きる――佐々木常雄
2044 母親はなぜ生きづらいか――香山リカ
2062 人間関係のレッスン 向後善之
2076 子ども虐待――西澤哲
2085 言葉と脳と心――山鳥重
2105 はじめての認知療法――大野裕

2116 発達障害のいま――杉山登志郎
2119 動きが心をつくる――春木豊
2143 アサーション入門――平木典子
2180 パーソナリティ障害とは何か――牛島定信
2231 精神医療ダークサイド 佐藤光展
2344 ヒトの本性――川合伸幸
2347 信頼学の教室――中谷内一也
2349 「脳疲労」社会――徳永雄一郎
2385 はじめての森田療法 北西憲二
2415 新版 うつ病をなおす 野村総一郎
2444 怒りを鎮める うまく謝る 川合伸幸

自然科学・医学

1141 安楽死と尊厳死——保阪正康
1328 「複雑系」とは何か——吉永良正
1343 カンブリア紀の怪物たち　サイモン・コンウェイ・モリス　松井孝典 監訳
1500 科学の現在を問う　村上陽一郎
1511 優生学と人間社会——米本昌平 松原洋子 橳島次郎 市野川容孝
1689 時間の分子生物学——粂和彦
1700 核兵器のしくみ——山田克哉
1706 新しいリハビリテーション　大川弥生
1786 数学的思考法——芳沢光雄
1805 人類進化の700万年　三井誠
1813 はじめての〈超ひも理論〉　川合光
1840 算数・数学が得意になる本　芳沢光雄

1861 〈勝負脳〉の鍛え方——林成之
1881 「生きている」を見つめる医療——中村桂子 山岸敦
1891 生物と無生物のあいだ　福岡伸一
1925 数学でつまずくのはなぜか　小島寛之
1929 脳のなかの身体——宮本省三
2000 世界は分けてもわからない　福岡伸一
2023 ロボットとは何か——石黒浩
2039 ソーシャルブレインズ入門　藤井直敬
2097 〈麻薬〉のすべて——船山信次
2122 量子力学の哲学——森田邦久
2166 化石の分子生物学——更科功
2191 DNA医学の最先端　大野典也
2204 森の力——宮脇昭

2219 宇宙はなぜこのような宇宙なのか——青木薫
2226 宇宙生物学で読み解く「人体」の不思議——吉田たかよし
2244 呼鈴の科学——吉田武
2262 生命誕生——中沢弘基
2265 SFを実現する——田中浩也
2268 生命のからくり——中屋敷均
2269 認知症を知る——飯島裕一
2292 認知症の「真実」——東田勉
2359 ウイルスは生きている　中屋敷均
2370 明日、機械がヒトになる　海猫沢めろん
2384 ゲノム編集とは何か　小林雅一
2395 不要なクスリ 無用な手術　富家孝
2434 生命に部分はない——A・キンブレル 福岡伸一訳

哲学・思想I

66 哲学のすすめ——岩崎武雄
159 弁証法はどういう科学か 三浦つとむ
501 ニーチェとの対話——西尾幹二
871 言葉と無意識——丸山圭三郎
898 はじめての構造主義 橋爪大三郎
916 哲学入門一歩前——廣松渉
921 現代思想を読む事典 今村仁司 編
977 哲学の歴史——新田義弘
989 ミシェル・フーコー 内田隆三
1001 今こそマルクスを読み返す 廣松渉
1286 哲学の謎——野矢茂樹
1293 「時間」を哲学する——中島義道
1315 じぶん・この不思議な存在——鷲田清一
1357 新しいヘーゲル——長谷川宏
1383 カントの人間学——中島義道
1401 これがニーチェだ——永井均
1420 無限論の教室——野矢茂樹
1466 ゲーデルの哲学——高橋昌一郎
1575 動物化するポストモダン 東浩紀
1582 ロボットの心——柴田正良
1600 ハイデガー=存在神秘の哲学——古東哲明
1635 これが現象学だ——谷徹
1638 時間は実在するか 入不二基義
1675 ウィトゲンシュタインはこう考えた 鬼界彰夫
1783 スピノザの世界——上野修
1839 読む哲学事典——田島正樹
1948 理性の限界——高橋昌一郎
1957 リアルのゆくえ——大塚英志 東浩紀
1996 今こそアーレントを読み直す——仲正昌樹
2004 はじめての言語ゲーム——橋爪大三郎
2048 知性の限界——高橋昌一郎
2050 超解読! はじめてのヘーゲル『精神現象学』 竹田青嗣 西研
2084 はじめての政治哲学 小川仁志
2099 超解読! はじめてのカント『純粋理性批判』 竹田青嗣
2153 感性の限界——高橋昌一郎
2169 超解読! はじめてのフッサール『現象学の理念』——竹田青嗣
2185 死別の悲しみに向き合う——坂口幸弘
2279 マックス・ウェーバーを読む——仲正昌樹

政治・社会

経済・ビジネス

日本史Ⅰ

1258 身分差別社会の真実——斎藤洋一／大石慎三郎
1265 七三一部隊——常石敬一
1292 日光東照宮の謎——高藤晴俊
1322 藤原氏千年——朧谷寿
1379 白村江——遠山美都男
1394 参勤交代——山本博文
1414 謎とき日本近現代史 野島博之
1599 戦争の日本近現代史 加藤陽子
1648 天皇と日本の起源 遠山美都男
1680 鉄道ひとつばなし——原武史
1702 日本史の考え方——石川晶康
1707 参謀本部と陸軍大学校 黒野耐

1797 「特攻」と日本人——保阪正康
1885 鉄道ひとつばなし2——原武史
1900 日中戦争——小林英夫
1918 日本人はなぜキツネにだまされなくなったのか 内山節
1924 東京裁判——日暮吉延
1931 幕臣たちの明治維新 安藤優一郎
1971 歴史と外交——東郷和彦
1982 皇軍兵士の日常生活 一ノ瀬俊也
2031 明治維新 1858-1881 坂野潤治／大野健一
2040 中世を道から読む——齋藤慎一
2089 占いと中世人——菅原正子
2095 鉄道ひとつばなし3——原武史
2098 戦前昭和の社会 1926-1945——井上寿一

2106 戦国誕生——渡邊大門
2109 「神道」の虚像と実像 井上寛司
2152 鉄道と国家——小牟田哲彦
2154 邪馬台国をとらえなおす——大塚初重
2190 戦前日本の安全保障——川田稔
2192 江戸の小判ゲーム——山室恭子
2196 藤原道長の日常生活 倉本一宏
2202 西郷隆盛と明治維新 坂野潤治
2248 城を攻める 城を守る——伊東潤
2272 昭和陸軍全史1——川田稔
2278 織田信長〈天下人〉の実像 金子拓
2284 ヌードと愛国——池川玲子
2299 日本海軍と政治——手嶋泰伸

趣味・芸術・スポーツ

620 時刻表ひとり旅——宮脇俊三
676 酒の話——小泉武夫
1025 J・S・バッハ——礒山雅
1287 写真美術館へようこそ——飯沢耕太郎
1404 踏みはずす美術史——森村泰昌
1422 演劇入門——平田オリザ
1454 スポーツとは何か——玉木正之
1510 最強のプロ野球論——二宮清純
1653 これがビートルズだ 中山康樹
1723 演技と演出——平田オリザ
1765 科学する麻雀——とつげき東北
1808 ジャズの名盤入門——中山康樹
1890 「天才」の育て方——五嶋節
1915 ベートーヴェンの交響曲——金聖響 玉木正之
1941 プロ野球の一流たち 二宮清純
1970 ビートルズの謎——中山康樹
1990 ロマン派の交響曲——金聖響 玉木正之
2007 落語論——堀井憲一郎
2045 マイケル・ジャクソン——西寺郷太
2055 世界の野菜を旅する 玉村豊男
2058 浮世絵は語る——浅野秀剛
2113 なぜ僕はドキュメンタリーを撮るのか——想田和弘
2132 マーラーの交響曲——金聖響 玉木正之
2210 騎手の一分——藤田伸二
2214 ツール・ド・フランス 山口和幸
2221 歌舞伎 家と血と藝 中川右介
2270 ロックの歴史——中山康樹
2282 ふしぎな国道——佐藤健太郎
2296 ニッポンの音楽——佐々木敦
2366 人が集まる建築——仙田満
2378 不屈の棋士——大川慎太郎
2381 138億年の音楽史 浦久俊彦
2389 ピアニストは語る ヴァレリー・アファナシエフ
2393 現代美術コレクター 高橋龍太郎
2399 ヒットの崩壊——柴那典
2404 本物の名湯ベスト100 石川理夫
2424 タロットの秘密——鏡リュウジ
2446 ピアノの名曲——イリーナ・メジューエワ